イチからはじめる
道徳教育

田中潤一 編
TANAKA Junichi

井西弘樹・今西康裕・岩瀬真寿美・
田岡紀美子・谷山弘太 著

ナカニシヤ出版

はじめに

　本書は大学の教職課程における道徳教育のテキストとして作成されているが，同時に道徳教育に関する概説書としても読めるようになっている。平成30（2018）年度より道徳は教科化されることが決まっており，道徳教育および道徳科の授業をどのように行なってゆくかは，焦眉の問題となっている。すでに道徳の教科化を見据えて，多くのテキストが作成・販売されている。本書ももちろん道徳教育について必要な基礎知識を網羅しているが，他のテキストとは異なるように執筆されている。道徳教育の理論・歴史のみならず，現在の教育における諸問題から道徳教育を考えることを目的としている。まずキャリア教育や経済生活，いじめ，地域社会，宗教など身近で具体的な問題から道徳教育について考えることができるように編成されている。そのあとに道徳教育の理論や歴史を配し，具体的な諸問題を踏まえて道徳教育の知識的な体系化ができるように意図した。そして最後に実際の授業に役立つよう，学習指導案作成についての論考を配した。

　道徳教育はいうまでもなく，児童生徒の人間性を育む重要な役割を有している。また道徳は教科化されたとはいえ，「特別の」教科として，他の教科とは異なるものと位置づけられている。それではどのように「特別」なのであろうか。そして教員は道徳科の授業において，どのような方法を持っているべきなのであろうか。児童生徒一人ひとりが道徳性をしっかりと身に付けるための方法は，さまざまにあるであろう。しかし児童生徒に道徳性を身に付けてもらいたい，という点では誰しも目的は一致している。本書においては道徳教育の具体的諸問題を考察するなかから，それぞれの方法について読者が考察することを目指している。そして道徳教育に携わる人々が，少しでも道徳教育の目的や方法について考えるきっかけとなれば編者としては幸甚である。

　刊行にあたって，ナカニシヤ出版の石崎雄高氏には大変お世話になった。厚くお礼申し上げたい。

編　者

目　次

はじめに ………………………………………………………………… i

PART 1 ●道徳教育とは

01　「道徳科」の設置と道徳教育の指導法・評価 ……………………… 2
■田中潤一

1　はじめに　2
2　「道徳科」成立の経緯　2
3　道徳教育の教授法　6
4　道徳教育の評価について　9
5　おわりに　11
　　──新しい道徳科と道徳教育のために──

02　学習指導要領における「道徳教育」と「特別の教科　道徳」…… 14
■田中潤一

1　道徳教育の内容　14
2　道徳科の内容　16

PART 2 ●現在の道徳教育の課題と教材研究

03　経済倫理と道徳教育 ………………………………………………… 20
　　──キャリア教育とシティズンシップ教育──
■田中潤一

1　経済倫理とは　20
2　2つの具体例からの考察　20
3　キャリア教育と道徳教育　23
4　シティズンシップ教育と道徳教育　28
5　経済倫理教育の一例　31

04 いじめ問題と道徳教育 ……………………………………… 35
■今西康裕

1　いじめの現状　35
2　いじめの原因　35
3　いじめの特徴・問題性　42
4　いじめへの対応・対策　43
5　いじめと道徳教育　44
6　今後望まれる道徳教育　45

05 地域社会・郷土と道徳教育 ……………………………… 48
■今西康裕

1　道徳教育を促進させるものとしての地域　48
2　地域社会の持つ意義　49
3　地域社会の現況　51
4　道徳教育と地域社会の相互の活性化を目指して　52

06 宗教教育と道徳教育 ……………………………………… 56
■岩瀬真寿美

1　はじめに　56
2　宗教教育のあり方　56
3　宗教の本質と「畏敬の念」　58
4　『私たちの道徳』における「D　主として生命や自然，崇高なものとの関わりに関すること」　61
5　おわりに　66

07 福祉と道徳教育 …………………………………………… 68
■田岡紀美子

1　児童が抱える福祉的問題　68
2　スクールソーシャルワークの意義　72
3　スクールソーシャルワーカーに求められること　74
4　まとめ　80

PART 3 ●道徳教育の理論

08　伝統的倫理学と道徳 …………………………………… 84
■井西弘樹
1　徳倫理学（アリストテレス）　85
2　義務論（カント）　87
3　功利主義（ベンサム，ミル）　91
4　まとめ　93

09　普遍的な倫理構想を求めて ……………………………… 95
——ニーチェ以降の倫理学——
■谷山弘太
1　神は死んだ　95
　　——倫理的相対主義の台頭——
2　ロールズの『正義論』　97
3　コールバーグの発達段階論　101
4　倫理的相対主義再び？　104

10　日本の道徳思想 ………………………………………… 106
■岩瀬真寿美
1　はじめに　106
2　古代日本におけるカミへの信仰　106
3　中世日本における神仏習合的道徳思想　108
4　近世日本における儒教的道徳思想　112
5　近世日本における神道と仏教　114
6　おわりに　115

11　道徳教育の歴史 ………………………………………… 118
■田中潤一
1　はじめに　118
2　開明派官僚の実学重視教育政策　119
3　道徳教育重視へ　123
4　森文政　125
5　教育勅語の成立　125
6　大正・昭和初期の道徳教育　126

7　戦後の道徳教育　127

PART 4 ●学習指導案作成

12　小学校道徳科授業の一考察 …………………………………… 132
　　　──教材開発と学習指導案作成を中心に──
■田中潤一

1　はじめに　132
2　学習指導案作成のポイント　133
3　学習指導案作成　134
4　「崇高さ」の考察　138
5　結　語　140

13　中学校の教材から ……………………………………………… 142
■岩瀬真寿美

1　はじめに　142
2　学習指導要領に基づく教材への留意と指導における配慮　143
3　学習指導案の作成　144
4　おわりに　154

＊

資料集 ………………………………………………………………… 157
　（a）日本国憲法 第26条　158
　（b）教育基本法（平成18年12月22日）　158
　（c）義務教育の目標（学校教育法第21条）　161
　（d）「道徳教育」の目標（小学校学習指導要領）　162
　（e）「特別の教科　道徳」の目標（小学校学習指導要領）　163
　（f）「道徳教育」の目標（中学校学習指導要領）　170
　（g）「特別の教科　道徳」の目標（中学校学習指導要領）　171

PART 1
●道徳教育とは

01 「道徳科」の設置と道徳教育の指導法・評価

田中潤一

1　はじめに

　現在わが国の道徳教育は、ひとつの転換期を迎えている。これまで小学校・中学校では「道徳の時間」が週1時間行なわれていたが、平成30年より「特別の教科　道徳」（道徳科）として教科化されることとなった。これまで道徳の教科化は何度も議論となってきたが、いよいよ教科化が実現することとなったのである。従来の「道徳の時間」の反省の上に、新たに道徳科が創設されたが、今後小中学校の教員はこの道徳科を有益な時間として活用することが求められる。それでは「道徳の時間」の何が問題点であったのであろうか。そして教員は道徳科の授業をする際、どのような点に気をつけるべきであろうか。本章ではまず新しい学習指導要領の内容をたどりながら、従来の問題点とこれからの課題を考察する。

2　「道徳科」成立の経緯

　平成30年より道徳科が創設される方向性が決定されているが、その大きな特徴として以下の点を挙げたい。

① ［指導法］「考え、議論する」道徳科へ
② ［教材］検定教科書の導入

③ ［評価］児童生徒の道徳性の成長を把握する

(1) 「道徳教育の充実に関する懇談会」
　平成24年12月第2次安倍内閣が成立し，翌平成25年1月15日内閣府に教育再生実行会議が設置された。すでに第1次安倍内閣においても道徳教育の教科化が掲げられ，教育再生会議において議論されたが，実現には至らなかった。平成25年2月26日に第1次提言「いじめの問題等への対応について」[1]が出された。
　ここでは前年に起きた大津市の事案に発するいじめ問題解決への寄与が論じられている。このなかでいじめ問題解決のための道徳教育の役割が論じられ，これまでの道徳教育の指導内容や指導方法が十分効果をあげていなかったということ，そして道徳を「新たな枠組みによって教科化」する必要性が述べられている。
　さらに平成25年3月26日には文部科学省に「道徳教育の充実に関する懇談会」が設置され，道徳教育のあり方について議論が行なわれた。同年12月26日同懇談会は報告書「今後の道徳教育の改善・充実方策について」を出し，道徳教育の改善策について方向性を打ち出した。
　ここで現状における道徳教育の問題点が提示されているが，筆者は以下の4点に注目したい。1点目は道徳教育の目標，2点目は道徳教育の指導法，3点目は教科書の作成，4点目は道徳教育の評価である。まず道徳教育の目標については，「総花的な記述の羅列となっておりわかりにくい」，「道徳教育の目標自体が内面的なものに偏って捉えられがち」，「実践的な行動力等の育成が軽視されがち」[2]などの批判が挙げられている。2点目の指導法に関しては，「学年が上がるにつれて，……児童生徒の受け止めがよくない」，「道徳的価値の理解に偏りがち」[3]と問題点が挙げられている。3点目の教科書に関しては，検定教科書の導入について審議が行なわれた。すでに民間の出版社から複数の副読本が使用されているように，検定教科書導入となっても，多様な教科書を認めるという基本姿勢がとられた。また『心のノート』の全面改訂が提言された。読み物を取り入れ，情報モラルなどの現代的問題を取り入れるともされた[4]（平成27年より『私たちの道徳』として改訂され，使用されている）。4点目の評価に関しては，数値評価は従来通り不適切とされ，

入学者選抜への利用を慎むべきとされた。しかし児童生徒を励まし勇気づけるために，指導要録に記述欄を新たに設ける案や，「行動の記録」欄の活用案などの提言が行なわれた。

(2) 中央教育審議会答申「道徳に係る教育課程の改善等について」

　平成26年2月下村博文文部科学大臣は中央教育審議会に「道徳に係る教育課程の改善等について」を諮問し，同年10月中教審は答申を文科相に提出した。このなかで道徳の教科化が決定された。筆者はこの答申から再び4点（目標，指導法，教科書，評価）を取り出してその特徴を考えたい。まず目標に関してであるが，道徳教育の目標も道徳科の目標も，児童生徒の「道徳性」の育成にあるとされた上で，それぞれが役割分担を担うとされた。道徳教育の目標は「一人一人が……主体的に判断し，道徳的行為を選択し，実践することができるよう児童生徒の道徳性を育成する」ことが目標とされたと同時に，「簡潔な表現に改める必要がある」ともされた。他方道徳科に関しては，第一に「多角的に考え，判断するという認知的な能力」が重要とされ，次に「道徳的心情」そして「意欲や態度の育成」という順に目標が設定された。2点目の指導法に関しては，現状に対して厳しい意見が述べられている。「読み物の登場人物の心情理解のみに偏った形式的な指導が行われる」ことや，「児童生徒に望ましいと思われる分かりきったことを言わせたり書かせたりする授業になっている」ことが批判点として挙げられている。つまり今後は心情的理解を強調する授業ではなく，児童生徒が自分で考えることができる授業を行なっていくことが重要とされた。その上で次のように述べられている。「児童生徒一人一人がしっかりと課題に向き合い，教員や他の児童生徒との対話や討論なども行いつつ内省し，熟慮し，自らの考えを深めていくプロセスが極めて重要である」。

　3点目の教科書については，検定教科書の導入が適当とされた。平成27年より『心のノート』に代わって『私たちの道徳』が作成・配布されたが，今後は民間会社を中心に創意工夫のある教科書を作成するとされた。ただ教科書の内容を一方的に教え込むことは不適切としている。4点目の評価に関しては，従来通り数値評価は避けるとされ，質問紙・観察・面接法を用いるとされた。その他「パフォーマンス評価」や「ポートフォリオ評価」の活用も可能とされた。問題となるのが評価を行なう場所である。同答申では指導要

録の活用について言及されている。現状の指導要録では道徳に関する記録欄はないが，今後は「専用の記録欄」を設けることや，現行の「行動の記録」を改善することを提言している。

平成27年3月文部科学省は「道徳教育の抜本的改善・充実」を出した。ここではこれまでの反省点を踏まえ，「「考え，議論する」道徳科への転換」が掲げられている。さらに小学校では「個性の伸長」「相互理解，寛容」「公正，公平，社会正義」「国際理解，国際親善」「よりよく生きる喜び」の内容項目が追加された。

(3) 新学習指導要領における道徳教育と道徳科

平成27年7月文部科学省は道徳教育に関する，新しい学習指導要領を発表した（学習指導要領に関しては第2章で詳細に述べる）。学校教育全体における道徳教育と，特設時間における道徳教育（「道徳科」）を分けるという体制は維持されている。総則の第2段が新たに発表されたが，われわれはそこから，新しい道徳教育の目標を読み取ることができる。

旧学習指導要領では，「人間尊重の精神や生命に対する畏敬の念」等7項目が道徳教育の目標であったが，それらのほとんどが留意事項となっている。それに対して新しい目標として4点が簡潔に挙げられている。①「自己の生き方を考える」，②「主体的な判断の下に行動する」，③「自立した人間として他者と共によりよく生きる」，④「そのための基盤となる道徳性を培う」である。

さらに④に関しては，重要な変更が行なわれている。旧学習指導要領では，「道徳性」の内容として，「道徳的心情」「道徳的判断力」「道徳的実践意欲と態度」の3点が挙げられていた。しかし今回の改訂ではその順序の入れ替えが行なわれた。新学習指導要領では，「道徳的判断力」「道徳的心情」「道徳的実践意欲と態度」の順になり，「道徳的判断力」が筆頭に置かれている。「考え，議論する」道徳科の導入がここにも表われている。

(4) 高等学校における「公共」

現在高等学校には道徳に相当する教科・領域はないが，現在中央教育審議会で新科目「公共」創設の議論が行なわれている。主にキャリア教育や市民性教育を担う科目であるが，高校生の社会性育成を担うという意味で重要な

科目になると思われる。法教育，主権者教育，消費者教育など政治的教養・経済的教養を習得することが求められている。今日若者の政治への無関心や経済的自立への未熟さなどが大きな問題となっている。それゆえ高等学校ではこのような新科目が創設される方向性であるが，この問題は道徳教育の問題でもある。道徳性には，自分で判断し行動することが内包されている。政治的・経済的に適切な判断を行なうことは，自立した社会人の最低要件であり，道徳的なテーマでもある。小中学校時に自立した人間であるよう育成されることによって，高等学校でもこの課題解決が可能となろう。

3　道徳教育の教授法

(1)　道徳教育の課題

　さてここからは道徳科の授業における方法について考察したい。筆者は道徳教育の方法では，内面性の陶冶(とうや)と社会性の陶冶の2視点と，形式陶冶と実質陶冶の2視点の組み合わせによって4つの視点に分けられると考える。[18] 一般に形式陶冶とは，判断力や思考力，推理力など個人一人一人の能力を高め上げることを目的とするのに対し，実質陶冶とは，具体的な知識や技能の習得を重視する立場である。たとえば形式陶冶を重んじる立場に立てば，歴史や地理教育の目的は，歴史や地理の知識習得にあるのではなく，それらの学習を通した「記憶力」育成となる。他方，実質陶冶を重んじる立場を考えると，次のようなケースが挙げられる。たとえば医師養成や法曹関係者養成において単に判断力や表現力を持っているだけでは不十分で，具体的な医学や法律の知識がなければならない。つまり個人の能力の完成を重んじるか，歴史的・社会的に伝えられてきた知識・技能の伝授か，という対立軸になる。また内面性陶冶と社会性陶冶について説明する。内面性陶冶は，個人一人一人の心情や判断力，コミュニケーション能力を重んじるのに対して，社会性陶冶は，個人を社会に適合させることを目的とする。

　さて筆者はこの2つの対立軸を道徳教育に応用し，道徳教育を4領域に分け，道徳教育における課題を付記し，図表01−1のようにまとめてみたい。

　Ⅰ「内面性の陶冶・形式陶冶」では，個人一人一人の道徳的判断力，つまり自分で自分のことを決断できる力を育成する。たとえば「基本的な生活習慣を身につける」ことや，「善悪を判断すること」などがこの領域に相当す

図表01-1　道徳教育の4領域

	内面性の陶冶	社会性の陶冶
形式陶冶	Ⅰ 道徳的判断力 ［善悪の判断］［自律］等	Ⅱ 社会的コンセンサスの形成力 ［礼儀］［相互理解，寛容］等
実質陶冶	Ⅲ 個別の道徳的項目の修得 ［正直，誠実］［節度，節制］等	Ⅳ 社会的知識（政治的教養，経済的教養） ［規則の尊重］［公正，公平，社会正義］等

る。Ⅱ「社会性の陶冶・形式陶冶」では，多くの人々とコミュニケートし，合意する力を身につける。たとえば「身近な人々と協力する」や「相手の考え方や立場を理解して支えあうこと」などが該当する。Ⅲ「内面性の陶冶・実質陶冶」では，具体的な道徳的項目，たとえば「正義」や「公正」「節制」などを児童生徒に伝える。これは個人の内面に関わるものであるが，歴史的・社会的に伝えられてきた道徳的価値でもある。それゆえ教授法的には，難しい点がある。Ⅳ「社会性の陶冶・実質陶冶」では，具体的な社会的知識，たとえば国会のシステムや投票行動の意義，租税の役割などを伝える。道徳教育の内容としては，「社会生活上のきまりを守る」や「法やきまりの意義を理解する」などが当てはまる。

(2) 道徳教育の教授法

さてそれでは，どのような道徳教育の方法が考えられるであろうか。道徳教育に限らず，教授法について筆者は以下の4つの方法を提示したい。それは即ち，①知識伝達型，②対話・ディスカッション（結論誘導）型，③対話・ディスカッション（オープン・エンド）型，④メタファー型の4つである。まず①の知識伝達型は，教師から児童生徒に知識を伝える営みであり，教材を媒介として教師から児童生徒へと教育内容を伝えることを意味している。②対話・ディスカッション（結論誘導）型は，児童生徒に自由な対話を促すが，単なる「話しっぱなし」に終わるのではなく，何らかの形で結論へと教師が誘導する。③対話・ディスカッション（オープン・エンド）型は，教師が結論を求めることなく，完全に自由に児童生徒に議論させるタイプである。④メタファー型については後述する。さて先ほどの図表に照らし，それぞれの領域にふさわしい教授法について筆者の考えを提示する（図表01-2）。

Ⅰ領域に関しては，日常生活の規律や他者を思いやる心など，ある程度教師が結論に導かなければならない側面が強いが，あくまで児童生徒に思考さ

図表01-2　4領域に対応する教授法

	内面性の陶冶	社会性の陶冶
形式陶冶	Ⅰ②対話・ディスカッション（結論誘導）型	Ⅱ③対話・ディスカッション（オープン・エンド）型
実質陶冶	Ⅲ④メタファー型	Ⅳ①知識伝達型

せる必要がある。それゆえ②対話・ディスカッション（結論誘導）型とした。またⅡ領域は，社会・国家形成であり，人間それぞれが異なる考えを持つことが前提とされる。理想の社会・国家は構成員が一人一人が議論し構築する必要があるが，結論を押し付けてはならない。それゆえ③対話・ディスカッション（オープン・エンド）型がふさわしいと考えた。Ⅲ領域は後述したい。Ⅳ領域は具体的な政治的，経済的知識の習得が求められるので，①知識伝達型とした。

(3) メタファーとしての道徳教育

それではメタファー型とは何を意味するのかを最後に論じたい。メタファーとは「比喩」であるが，一般に比喩とはあることを言い表わす際に別の記号を使用することを意味する。たとえば「花のような人」であれば，花に内在する「美」や「明るさ」のような価値を人に関して言い表わそうとしている（直喩）。

筆者は，道徳の教材も，同じような機能を有していると考える。たとえば伝記や昔話は，その話のなかに内在する「価値」を児童生徒に伝えようとしている。二宮金次郎の話であれば，金次郎に内在する「勤勉・努力」を児童に伝えることが目的である。道徳的項目は直接的に児童生徒に教えるのではなく，間接的に教えざるをえない。たとえば「正しくあれ」と教師が直接説いたところで，具体性はない。また児童の年齢が上がれば，価値理解が表面的理解にとどまる可能性もある。（たとえば，教師から「嘘をついてはいけません」と言われて「はい，わかりました」と応答しても，実際には嘘をつく可能性がある）。

メタファー型教授は論理のみで行なわれるのではなく，また単なる知識伝達でもない。感情的要素を交えることによって，伝えたい「価値」を印象深く教えることを意味する。教材を道徳的価値のメタファー（比喩）とするこ

とによって，児童生徒に価値を感じさせることが可能となる。また友人との経験そして学校生活全体も，「メタファー」として機能すると思われる。

さらにこの方法では，児童生徒が主体となって道徳教育が行なわれる。さきほどの「花」の例では，花から「美」を感じるか，「明るさ」を感じるかは，個人によって異なるが，道徳教材においても同様のことが言える。教材からどのような価値を感じ取るかは，児童生徒次第であり，教師の意図とは異なることもある。つまりここでは，児童生徒の価値創造的な活動が可能となる。道徳的項目の伝達においては，この方法がもっとも効果的と筆者は考える。

4　道徳教育の評価について

さて道徳教育では数値評価はされるべきではないとされている。道徳教育は児童生徒の内面に関わる面があるので，数値評価ができないのは当然である。しかし今後は，児童生徒がよりよく成長するために，何らかの評価を行ない，児童生徒に励ましを行なうことは有益であろう。もちろん児童生徒を批判したり，追い詰めたりするような結果にならないように最大限配慮する必要がある。また現行の指導要録に道徳の記述欄はないが，代わりに「行動の記録」欄がある。「行動の記録」欄は，学習指導要領の総則・道徳の内容に照らして，学校の設置者が項目を適切に設定するとされている。各学校が児童生徒の行動が各項目を満たしていると判断した場合に，○印を記入するとされている。

さて中教審教育課程部会第1回道徳教育専門部会の審議において，評価のあり方について議論された（平成26年3月18日）。この審議においては3つの可能性が議論されている[20]。ひとつ目は「目標に照らして成長が認められた部分を，一つでも記述する」評価方法，2つ目は「四つの視点ごとに記述する」評価方法，3つ目は「小学校では学年段階ごとに評価する項目を変える」評価方法である。2つ目の4つの視点は「A 主として自分自身に関すること。B 主として人との関わりに関すること。C 主として集団や社会との関わりに関すること。D 主として生命や自然，崇高なものとの関わりに関すること」の4視点である。この視点ごとに学校が児童生徒の行動・態度を記述する評価方法である。3つ目の方法に関しては，学習指導要領が参考

になろう。新小学校学習指導要領では配慮事項に，発達段階ごとの重点的な指導内容が記載されている。以下要約すると，低学年は「基本的な生活習慣」「善悪の判断」「社会生活上のきまりの遵守」，中学年は「善悪の判断と行動」「身近な人々との協力」「集団や社会のきまりの遵守」，高学年は「相手の立場の理解と支えあい」「法やきまりの理解と遵守」「集団生活の充実」「伝統と文化の尊重」「他国の尊重」[21]などが挙げられる。

　平成28年7月に「道徳教育に係る評価等の在り方に関する専門家会議」は報告書「「特別の教科　道徳」の指導方法・評価等について」[22]を出した。このなかでは，項目別の評価は否定されることになった。また単なる話し合いや登場人物の心情理解も否定され，児童生徒が多様な物の見方を身につけているかを確認することに主眼がおかれた。とりわけ下記の点が注目される。

・記述式評価（数値評価は行なわない）
・内容項目の評価は行なわない。
・個人内評価。
・多面的・多角的な見方の習得。

これらの意見を踏まえて，指導要録での記述式評価欄が例示された[23]。

特別の教科　道徳	
学年	学習状況及び道徳性に係る成長の様子
1	
2	
3	
4	
5	
6	

さらにポートフォリオのように，児童生徒が書いた感想文等をファイルするなどの方法も提示されている。また入試等の選抜には決して使用することはあってはならない，としている。

　筆者は以上の議論を踏まえてそもそもの評価のあり方について考察したい。そもそも人間の内面性はそのまま外面に現われるとは限らないので，道徳性の評価は常に困難が伴う。しかし教師は児童生徒の外面に現われた行動・態

度・作文等のみを見て判断せざるをえない。だが外面的に習得しているか否かを確認する点も，道徳教育の評価点としては存在する。たとえば道徳に関連する社会的知識の有無（上記のⅣ領域）や，コンセンサス形成能力の程度（上記のⅡ領域）などを，教員が判断することは可能であろう。このような外面的側面（筆者の区分では社会性に関するⅡ・Ⅳ領域）は，教員が児童生徒の実情を把握し，良いところや不足している点を記述することは可能であろう。しかし内面性（筆者の区分ではⅠ・Ⅲ領域）の評価はきわめて困難が伴う。児童生徒が表面的に理解しているように見えても理解していない場合もあれば，逆に理解していないように見えて実は理解している場合もある。それゆえ教員が評価しても的外れに終わる可能性がある。内面性に関しては，評価というよりも，教員と児童生徒とがともに歩んでいくという姿勢が重要であろう。したがって児童生徒自身の振り返りにコメントをつける，あるいは今後の課題の提示や当該学期の出来事の振り返りによって，次学期以降希望をもって学校生活を送れるように励ますことが適当であり，またそれ以上の評価は難しいと考えられる。

5　おわりに
　　──新しい道徳科と道徳教育のために──

　以上述べたように，新しい道徳科は始まったばかりである。同時にわれわれは道徳的価値を伝えるために，これまでになかった教授法を考えなければならない。もちろん，他教科と異なる指導法や評価法も考えねばならない。道徳性のある児童生徒を育むことは，今後のわが国にとって大きな課題であるがゆえに，教師および教育学者が真摯に取り組まねばならない大きな課題である。

(1)　以下，教育再生実行会議第一次提言「いじめの問題等への対応について」平成25年2月26日参照。www.kantei.go.jp/jp/singi/kyouikusaisei/pdf/dai1_1.pdf（平成29年2月13日確認）
(2)　道徳教育の充実に関する懇談会「今後の道徳教育の改善・充実方策について（報告）」平成25年12月26日，7頁。http://www.mext.go.jp/b_menu/shingi/chousa/shotou/096/houkoku/__icsFiles/afieldfile/2013/12/27/1343013_01.pd（平成29年2月13日確認）

(3) 同上，10頁。
(4) 同上，17‒19頁。
(5) 同上，13頁。
(6) 中央教育審議会「道徳に係る教育課程の改善等について（答申）」平成26年10月21日，8頁。http://www.mext.go.jp/b_menu/shingi/chousa/shotou/096/houkoku/__icsFiles/afieldfile/2013/12/27/1343013_01.pd（平成29年2月13日確認）
(7) 同上， 8頁。
(8) 同上，11頁。
(9) 同上。
(10) 同上，14頁。
(11) 同上，15頁。
(12) 同上，16頁。
(13) 同上，15‒17頁。
(14) 下記参照。
http://www.mext.go.jp/component/a_menu/education/detail/__icsFiles/afieldfile/2015/03/27/1282846_9.pdf（平成29年1月15日確認）
(15) 文部科学省『小学校学習指導要領』平成27年（2015）， 1頁。（学習指導要領の引用は18頁参照）
(16) 文部科学省，91頁。
(17) http://www.mext.go.jp/b_menu/shingi/chukyo/chukyo0/gijiroku/1360841.htm。とりわけ配布資料に詳細が記載されている。http://www.mext.go.jp/b_menu/shingi/chukyo/chukyo0/gijiroku/__icsFiles/afieldfile/2015/08/10/1360841_5_4_1.pdf（平成29年1月15日確認）
(18) 下記論文を参照。田中潤一「社会性育成をめざす道徳教育の理論と教材観に関する一考察」『人間形成論研究』第5号，大谷大学教育・心理学会，2015年，39‒55頁。田中潤一「言語活動としての教養――学校教育における教養」寄川条路編著『若者の未来をひらく』角川学芸出版，2011年，23‒48頁。
(19) メタファーに関しては下記の論文を参照した。笹本正樹「教授におけるメタファー（比喩）の性格」冨田竹三郎編『現代の教授理論』協同出版，1972年，41‒73頁。金光靖樹「メタファーと道徳授業」『道徳教育学論集』2006年，19‒32頁。またメタファーそのものの意義については下記を参照した。リクール『生きた隠喩』久米博訳，岩波現代新書，1998年。笹本論文では，教授法一般におけるメタファーの意義が述べられていた。また金光論文では道徳に絞って，アニミズム等のメタファー的表現の特徴が述べられている。本稿では，道徳教材そのものがメタファーとしての意義を有していることを，リクールらの論を基盤に応用しようと努めた。

(20) http://www.mext.go.jp/b_menu/shingi/chukyo/chukyo3/049/siryo/attach/1346839.htm（平成29年1月15日確認）
(21) 文部科学省，前掲書，5頁。
(22) http://www.mext.go.jp/component/b_menu/shingi/toushin/__icsFiles/afieldfile/2016/08/08/1375482_1.pdf（平成29年1月15日確認）
(23) http://www.mext.go.jp/component/b_menu/shingi/toushin/__icsFiles/afieldfile/2016/08/15/1375482_2.pdf（平成29年1月15日確認）

【初出】 田中潤一「道徳科の内容と指導法に関する一考察」『人間形成論研究』第6号，大谷大学教育・心理学会，2016年3月。（本章の **3**，**4**）

02 学習指導要領における「道徳教育」と「特別の教科 道徳」

田中潤一

1 道徳教育の内容

　平成30年より道徳の教科化が行なわれ,「道徳科」となる。文部科学省は平成27年3月に道徳教育に関する,新しい学習指導要領を発表した。学校教育全体における道徳教育と,特設時間における道徳教育を分けるという体制は維持されている。総則では以下のように述べられている。(1)

　　2　学校における道徳教育は,特別の教科である道徳(以下「道徳科」という。)を要として学校の教育活動全体を通じて行うものであり,道徳科はもとより,各教科,外国語活動,総合的な学習の時間及び特別活動のそれぞれの特質に応じて,児童の発達の段階を考慮して,適切な指導を行わなければならない。道徳教育は,教育基本法及び学校教育法に定められた教育の根本精神に基づき,自己の生き方を考え,主体的な判断の下に行動し,自立した人間として他者と共によりよく生きるための基盤となる道徳性を養うことを目標とする。道徳教育を進めるに当たっては,人間尊重の精神と生命に対する畏敬の念を家庭,学校,その他社会における具体的な生活の中に生かし,豊かな心をもち,伝統と文化を尊重し,それらを育んできた我が国と郷土を愛し,個性豊かな文化の創造を図るとともに,平和で民主的な国家及び社会の形成者として,公共の精神を尊び,社会及び国家の発展に努め,他国を尊重し,国際社会の

平和と発展や環境の保全に貢献し未来を拓く主体性のある日本人の育成に資することとなるよう特に留意しなければならない。

われわれはここから，新しい道徳教育の目標を読み取ることができる。旧学習指導要領では，「人間尊重の精神や生命に対する畏敬の念」等7項目が道徳教育の目標であったが，それらのほとんどが留意事項となっている。それに対して，新しい目標として①「自己の生き方を考える」，②「主体的な判断の下に行動する」，③「自立した人間として他者と共によりよく生きる」，④「そのための基盤となる道徳性を培う」という新しい項目が挙げられている。

まず①については，以下のように解説されている。「児童一人一人が，よりよくなろうとする自己を肯定的に受け止めるとともに，他者との関わりや身近な集団の中での自分の特徴などを知り，伸ばしたい自己について深く見つめることである。またそれは，社会の中でいかに生きていけばよいのか，国家及び社会の形成者としてどうあればよいのかを考えることにもつながる」。近年の児童生徒のなかには，自己肯定感を持てない子どもがいることも事実である。子どもが自己の良いところを伸ばし，かつ社会のなかで成長する手助けをするよう教師が支援していくことが重要である。筆者はこの点が，「キャリア教育」をも含む重要な概念であると考える。

さらに②を見たい。「児童が日常生活での問題や自己の生き方に関する課題に正面から向き合い，考え方の対立がある場合にも，自らの力で考え，よりよいと判断したり適切だと考えたりした行為の実践に向けて具体的な行動を起こすことである」。筆者は現在の道徳教育改革の大きなテーマのひとつが，この点に現われていると考える。それは即ち，「自分自身で思考すること」，である。現在の子どもを見ると，指示待ちの子どもや，他人の意見を鵜呑みにしてしまう子どもがしばしば見られる。しかし，これからグローバル化のなかで生きるわれわれにとって，自分で判断し行動することが重要な根本姿勢となる。また現在，中教審では高等学校の必修科目として，「公共」の導入を検討している。社会や国家とは，われわれに無条件に従うものとして与えられているのではなく，われわれが不断によりよいものへと作ってゆく努力によって存立しているのである。そのために，小学校段階より，自分で考えるという姿勢を身につけさせることが重要となる。

③に関しては，次のように解説されている。「「自立した人間」としての主体的な自己は，同時に「他者と共に」よりよい社会の実現を目指そうとする社会的な存在としての自己を志向する[5]」。独立して判断できる自己の確立は，単に自分だけのことを考える人間の育成を意味しているのではない。最終目的は，他者と共に生きること，そして理想の社会を実現させること，である。この点は，シティズンシップ教育（「市民性教育」）にもつながると筆者は考える。

　④に関しては，重要な変更が行なわれている。旧学習指導要領では，「道徳性」の内容として，「道徳的心情」「道徳的判断力」「道徳的実践意欲と態度」の3点（さらに「道徳的習慣」を加えて4点）が挙げられていた。しかし今回の改訂ではその順序の入れ替えが行なわれた。新学習指導要領では，「道徳的判断力」「道徳的心情」「道徳的実践意欲と態度」の順になり，「道徳的判断力」が筆頭に置かれている。この点に関しては上記のように，「考える」ことが重要とされているように思われる。平成27年3月に文科省が出した「道徳教育の抜本的改善・充実」では，今後の道徳科のあり方については「考え，議論する」道徳科への転換により児童生徒の道徳性を育む[6]」とされている。さらに同報告では，これまでの「道徳の時間」の問題点として，「読み物の登場人物の心情理解のみに偏った形式的な指導[7]」を挙げている。つまり心情的理解を強調する授業ではなく，児童生徒が自分で考えることができる授業を行なっていくことが重要とされている。

2　道徳科の内容

　以上学校教育全体における道徳教育の変更点を見たが，それでは実際に教科化された「道徳科」では，どのような内容が教えられるのであろうか。新学習指導要領では道徳科の内容として，以下の4点が提示された[8]。「A　主として自分自身に関すること。B　主として人との関わりに関すること。C　主として集団や社会との関わりに関すること。D　主として生命や自然，崇高なものとの関わりに関すること」。

　この4点に関しても，大きな変更点が見られる。これまで「集団や社会」に関わる内容は4番目，「自然や崇高なもの」に関わる内容は3番目であったが，それが逆となった。さらに「自然や崇高なもの」に「生命」が付け加

えられた。これは何を意味しているであろうか。筆者は道徳教育の最終目標は，人間の気高さや尊厳，そして人間が生を営んでいるところの世界そのものへの畏敬の念を持つことにあると考える。これまでの学習指導要領では，「社会性を育成すること」に，最終目標が置かれていた。もっとも日本の学校教育は，他の国と比べて社会性育成が重視されていることは多くの先行研究で述べられている。幼少期より社会性・集団性を身につけることは，将来規律正しく生活できるというメリットがある。逆に社会性を重視するあまり，クラス内や学校内での同調圧力が強くなり，いじめ問題などが生じる原因にもなっている。社会性は重要であることはもちろんであるが，それは，独立した自己を前提とすること（項目Aに該当），そして，他者を尊敬すること（項目Bに該当），によって社会性がはじめて成立する。道徳科の最終的な課題は，人間のあり方そのものを問うことにあるがゆえに，生命や自然，崇高が最後の内容として提示されていると筆者は考える。

　また，この４つの視点の関係について，『学習指導要領解説編　道徳』では次のように述べている。

　　　この四つの視点は，相互に深い関連をもっている。例えば，自律的な人間であるためには，Aの視点の内容が基盤となって，他の三つの視点の内容に関わり，再びAの視点に戻ることが必要になる。また，Bの視点の内容が基盤となってCの視点の内容に発展する。さらに，A及びBの視点から自己の在り方を深く自覚すると，Dの視点がより重要になる。そして，Dの視点からCの視点の内容を捉えることにより，その理解は一層深められる。

　また道徳科の内容項目についても具体的内容が列挙されている。さらに新学習指導要領では，児童生徒の発達段階ごとの課題を提示している。「第１学年及び第２学年」が19項目，「第３学年及び第４学年」が20項目，「第５学年及び第６学年」が22項目となっている。このように新しい道徳科では従来より細かく教育内容が決められ，体系化が図られている。

（1）　文部科学省『小学校学習指導要領』2015（平成27年），１頁。
（2）　文部科学省『学習指導要領解説　総則編』2015（平成27年），７頁

(3)　同上，7頁。
(4)　http://www.mext.go.jp/b_menu/shingi/chukyo/chukyo0/gijiroku/1360841.htm。とりわけ配布資料に詳細が記載されている。http://www.mext.go.jp/b_menu/shingi/chukyo/chukyo0/gijiroku/__icsFiles/afieldfile/2015/08/10/1360841_5_4_1.pdf（平成29年1月15日確認）
(5)　文部科学省，前掲書，7頁。
(6)　下記参照。http://www.mext.go.jp/component/a_menu/education/detail/__icsFiles/afieldfile/2015/03/27/1282846_9.pdf（平成29年1月15日確認）
(7)　前掲 HP 参照。
(8)　文部科学省『小学校学習指導要領』2015（平成27年），91－96頁。
(9)　河村茂雄『日本の学級集団と学級経営』図書文化，2010年参照。
(10)　文部科学省『学習指導要領解説　道徳編』2015（平成27年），21頁。
(11)　注（6）参照。
(12)　文部科学省『小学校学習指導要領解説編　特別の教科　道徳編』21－23頁。

＊　学習指導要領に関しては下記を参照した。
『小学校学習指導要領』（平成27年3月）
　http://www.mext.go.jp/a_menu/shotou/new-cs/youryou/__icsFiles/afieldfile/2015/03/26/1356250_1.pdf（平成29年1月15日確認）
『小学校学習指導要領解説　総則編（抄）』（平成27年3月）
　http://www.mext.go.jp/component/a_menu/education/micro_detail/__icsFiles/afieldfile/2015/07/31/1356257_3_2.pdf（平成29年1月15日確認）
『小学校学習指導要領解説　特別の教科　道徳編』（平成27年3月）
　http://www.mext.go.jp/component/a_menu/education/micro_detail/__icsFiles/afieldfile/2016/01/08/1356257_4.pdf（平成29年1月15日確認）

【初出】　田中潤一「道徳科の内容と指導法に関する一考察」『人間形成論研究』第6号，大谷大学教育・心理学会，2016年3月（前半部）。

PART 2
●現在の道徳教育の課題と教材研究

03 経済倫理と道徳教育

キャリア教育とシティズンシップ教育

田中潤一

1　経済倫理とは

　今日，わが国における喫緊の課題のひとつに，経済成長を挙げることができる。政府の経済財政政策によって，民間の活力が活性化し，持続的に経済成長することは，国家・国民の求めるところであろう。同時に文部科学省等の行政当局は現在「キャリア教育」や「シティズンシップ教育」等を積極的に行なうことによって，児童生徒に職業意識や経済的な知識・教養を身につけさせようとしている。

　本章ではさらに，経済的知識・技術と同時に，「経済倫理」を児童生徒に身につけさせる必要性について論じたい。もちろん経済的知識（租税システム，日本銀行の役割，起業の重要性など）を教えることは，児童生徒が社会人になるには必須である。しかし人間が社会において生きる限り，常に倫理的な判断が求められる。経済領域においてもそれは例外ではない。経済的な利潤だけで活動するのではなく，人間にとっての正義や幸福を問う姿勢が根底になければならない。

2　2つの具体例からの考察

　試みに次のような2つの課題を考えてみたい。[1]

(1) シティーコープタワー事件

> 1978年に実際にあった事件です。1977年にニューヨークのマンハッタンという巨大都市街に大きなビルが建てられました。名前は「シティーコープタワー」と言う，59階建のビルです。このビルを建てたのは，ウィリアム・ルメジャーという建築士でした。この建築は少し難工事でした。なぜならその土地には教会が立っており，その上に9階分を柱で持ち上げる形で，ビルを作らねばならなかったからです。
>
> さて翌1978年に事件が起こりました。ルメジャーが大学で講義中に学生から質問がありました。当時のニューヨーク市条例では，暴風による倒壊を避けるために，「建物の垂直方向に吹く風」のみを計算することになっていました。しかし学生が「斜め方向から吹く風」を計算したところ，16年に1回のハリケーンで確実にシティーコープタワーが倒壊することが明らかになりました。
>
> ルメジャーは迷いました。黙っておこうか，それとも名乗り出ようかと。みなさんがルメジャーならどうするか考えてみてください。

　この問題は，工学系の大学で必須授業の「技術者倫理」の授業で良く取り上げられるテーマであるが，児童生徒にも理解できる内容であろう。この問題の要点は2点ある。ひとつは「法に違反しているか否か？」という視点である。ルメジャーは別に法令違反したわけではない。それゆえ名乗り出る法的必要性は存在しない。しかしもしこのまま問題を放置すれば，おそらく16年以内にビルの倒壊によって多くの人が亡くなることになる。人命を尊重する立場から，法以上の行動をするべきか，あるいは法の枠内のみで行動すべきか，というジレンマである。2つ目の視点は，「ルメジャー自身の生活」である。もし名乗り出なかったらこれまで通り，建築士として仕事をして生計を営むことができる。しかしもし名乗り出ると，おそらく欠陥建築を設計した建築士としてもはや自分のところに仕事が来なくなるかもしれない。さらにシティーコープタワー再建築のために多額の賠償金を払わねばならないかもしれない。ルメジャーは，自分の生活を捨ててまで，他の人命を救うことができるのか，というジレンマに悩むことになる。

　さて実際のルメジャーはどのような行動をとったかを見ておこう。結局，ルメジャーは正直に名乗り出た。シティーコープタワーが保険に入っていた

こともあり，それほどの賠償金を払うこともなかった。さらにルメジャーの行動は英雄的な行為として世間から評価されることとなった。もちろん実際に正直に名乗り出たからといって，常に評価されるとは限らないであろう。しかしこの事件は経済倫理を考える良教材であると思われる。経済活動は，単に法的規則や経済的ルールのみに則って行なわれるのではなく，経済を超えた視点から見られる必要がある。この場合は，その視点が人命であったということである。

(2) チャレンジャー号事件

先ほどの例では，経済活動に携わる人の倫理性が発揮された，いわば「ハッピーエンド」の話であった。しかし現実には不幸な結末を迎えた事件も少なくない。そのような事例から考察することも必要であろう。次の事例を考えてみたい。

> 1986年，スペースシャトル・チャレンジャー号が打ち上げられました。しかし打ち上げの数秒後にチャレンジャー号は爆発，乗組員全員が死亡するという大惨事になりました。
>
> しかしこの事故は予測不可能な事故ではありませんでした。スペースシャトルを製造したサイオコール社の技術者たちはこの結果をすでに予想していました。つまり起こるべくして起こった事故だったのです。
>
> 事故以前から，ロケットブースターの連結部をつなぎ合わせる「Oリング」という製品の問題が会社内で話題になっていました。Oリングから高温ガスが漏れ出る可能性があったからです。これまでの打ち上げ時は幸いすべて気温が暖かかったから問題になりませんでしたが，チャレンジャー打ち上げ時は天気予報で低気温が予想されていました。サイオコール社の技術者たちは，打ち上げ延期を要請しました。しかしNASAは打ち上げ延期を拒否しました。
>
> それを受けてサイオコール社では再び幹部会議が行なわれました。技術者出身の副社長ロバート・ルンドは迷っていましたが，上級副社長メイソンはルンドに次のように言いました。「技術者の帽子を取って，経営者の帽子を被るべきだ」と。打ち上げは強行されました。そしてその結果，最悪の結果を招くことになりました。
>
> みなさんが技術者なら，また副社長ならどのような態度をとるかを考え

てみましょう。

　この事件は有名であるが，その背景までは意外に知られていない。この事件も児童生徒に考えさせる価値のある教材になりうる。論点を2点に絞りたい。ひとつは「経済の秩序か，安全性か」である。当然ながら経済活動において人命が最優先であるのは言うまでもない。しかし経済活動において，完全な安全性を達成するのは現実には困難であり，ある程度のリスクを覚悟しなければならないと言われている。なぜならば，コストの問題，納期の問題，さらには他社との競争の問題を考慮に入れれば，安全性だけに配慮するわけにいかないからである。しかし経済活動をする上において，常に人命を念頭に置くことは必須事項であると言える。たとえどれだけ安い製品であったとしても，欠陥商品を売るわけにはいかない。それが経済人としての矜持であるはずである。ましてや本件においては，明白に人命が損なわれる危険が眼前にあったのである。当然ながら延期すべき事案であったであろう。

　2つ目は，「技術のプロが経済の秩序に飲み込まれたこと」である。サイコオニール社の副社長ルンドは技術者出身であり，当然ながら技術面から自説を述べるべきであった（ルンド自身，危険性をよく理解していた）。しかしながら実際には「技術者の帽子を取って経営者の帽子を被りたまえ」という上級副社長メイソンの言葉に屈し，自らの矜持を捨てて，経済的利潤の秩序を選ぶこととなった。この問題は単なる一事案にとどまらず，根が深い問題であると思われる。実際の経済的な秩序は，想像以上に大きなエネルギーを持っている。たとえば教員等の学校関係者は営利活動に従事していないので，経済的活動の大きさに気づきにくい。もちろん教員も経済的知識や教養をある程度は知るべきである。しかしながら教員は経済的秩序から距離を取りうるからこそ，倫理的立場を保持しうるとも言えよう。

　もっとも現実社会の専門職は，必ずしも自己の職業倫理にのみ基づいて行動できるわけではない。経済的秩序のなかで生きていかねばならない。そのようなとき，どこまで自己の矜持を保つことができるかが問題である。

3　キャリア教育と道徳教育

　さてこのように人間は自己にふさわしい職業倫理を持っていなければなら

ない。そのために学校教育で行なわれるのが,「キャリア教育」である。キャリア教育を推進する際に,道徳的な視点は必ず必要と思われる。道徳教育においても「働くことの意義」「協力し合うこと」などを身につけることによって,将来の職業選択に資することは可能であろう。キャリア教育推進に関しては文部科学省が提唱しているのはもちろん,経済産業省も産業界の視点から推進施策を講じている。まず(1)現状分析を行ない,(2)その問題解決のためにどのような教育実践が行なわれているのかを考察し,(3)道徳教育の役割について考察したい。

(1) キャリア教育の現状

『今後の学校におけるキャリア教育・職業教育の在り方について』(平成23年1月,中央教育審議会)において,現在の学校教育におけるキャリア教育推進の重要性が述べられている。同答申では大学1年生で約31%の学生が,高等学校卒業までに職業について考えたことがないとされている[2]。つまり将来の職業選択について十分に考えたことがないまま,大学進学している学生が約3割もいることになる。なぜこのような事態が生じたのであろうか。学校教育,とりわけ義務教育では職業教育の積極的導入は奨められてこなかった[3]。また日本国憲法第26条にもあるように,義務教育の目標は普通教育を行なうことにあり,特定の職業のための教育は小学校や中学校において行なわれることはこれまで稀であった。

しかし現実には,子どもたちは高校や大学卒業後,社会人として特定の職業に就かざるをえない。これまでの中学校や高等学校で行なわれてきた「職業指導」や「進路指導」では,特定の職種に就くにはどのような勉強をすればよいかをアドバイスするのみであった。つまり学校段階から職場段階へと架橋する役割を有するのみであった。しかしながら,現在学校から職場への円滑な移行が十分に行なわれているとは言いがたい。15歳から34歳までの非労働人口のうち,まったく労働にも学業にも従事していない者は平成21年時点で約63万人もいる[4]。また離職率に関して言えば,大卒で約31%が,高卒で約40%が,中卒で約65%が3年以内に離職している(平成19年)[5]。また非正規雇用も増加しつつある。

さらに若者の質の変化も挙げられている。先述の『今後の学校におけるキャリア教育・職業教育の在り方について』においては,近年の若者につい

て,「働くことへの関心・意欲・態度,目的意識,責任感,意志等の未熟さ,……職業人としての基本的な能力の低下,職業意識・職業観の未熟さ」を指摘している。そのため従来の「職業指導」や「進路指導」のみならず,「キャリア教育」の概念が平成16年頃から小中学校で実践されるようになっている。特定の職業への架橋のみならず,そもそもなぜ働くことが必要なのか,なぜ働かねばならないのかを小中学校で教えるのが,キャリア教育とされている。これは道徳教育においても重要な概念と思われる。なぜなら,経済的に自立することは,人間一人一人の最終的な到達目標であるからである。これまでの道徳教育では内面性の陶冶に重きが置かれてきたが,社会人として独立するには経済的な自立も求められる。もちろん単に金銭を儲けるだけでなく,仕事に従事することが社会全体においてどのような意義を持つのか,さらには自分の仕事が他者の幸せにどのようにつながっているのか,を伝える必要がある。道徳教育においては,単に独立するのみならず,働くことの意義や協力し合うことの意義,つまり経済倫理を子どもに伝えることが重要となろう。

(2) 経済界・産業界からの要請

　他方,経済界・産業界にとってもキャリア教育は喫緊の課題となっている。なぜなら自企業に優秀な人材を雇用することによって,さらなる事業拡大・収益増を図ることができるからである。優秀な人材確保は,企業にとって死活問題と言えよう。これまでどの企業も大卒者や高卒者を採用後,自社のなかで初任者研修することによって徐々に人材育成を図ってきた。しかしながら近年人材の流動化で,早期退職者が増え,せっかく育てた人材が退職する事例が増えてきた。そのため時間をかけて人材育成する企業が減り,その代わりに学校段階で完成した人材を採用し,即戦力を求める傾向が増えている。そのためとりわけ高等教育段階では産学連携がすすめられ,在学中の長期インターンシップ等を行なう大学が多い。しかし小中学校では同じような長期インターンシップを行なうことは不可能である。しかし短期の職場体験などは大変有意義になると考えられる。

　他方,経済界から見ればどうであろうか。経済産業省は平成22年より24年まで「キャリア教育コーディネーター」の育成に取り組んだ。また『キャリア教育支援ガイドブック』を作成し,企業が小中高等学校でのキャリア教育

に協力するように呼びかけている。さらに同ガイドブックでは，企業・団体にとってのメリットも挙げ，学校と企業とがウィン・ウィンの関係になれることを提唱している。これまで職場体験は，一時的に生産活動が停滞するなど，企業にとって大きな負担となっていた。しかし同ガイドブックでは「社会貢献による認知度の向上」，「自社の知名度の向上」，「家庭，地域，学校との関係構築」，「将来に向けての人材確保対策」などでメリットが見られると，企業に受け入れを呼びかけている。また同ガイドブックでは具体的に企業が果たす役割を次のように述べている。小学校では「社会見学の受け入れ，社会人講師としての学校訪問，出張授業などを通して，自分と地域のつながりの理解や，子どもの興味関心の広がりを支援をする」，中学校では「職場体験の受け入れ，社会人講師として職業や生き方を語ることで，将来の生き方や進路を考えさせる契機とさせる」。さらに本章では道徳教育と関連づけることを提唱したい。経済的自立は道徳教育と無関係ではないからである。社会のなかで生きていくことを伝えるのは道徳教育の大きな役割であり，キャリア教育を含むことは可能であろう。

(3) 道徳教育におけるキャリア教育

それでは実際に道徳科において，キャリア教育に対してどのような寄与が可能であろうか。新学習指導要領から下記の項目を関連項目として取り上げたい。

「C　主として集団や社会との関わりに関すること」において［勤労，公共の精神］の項目があり，その項目において下記の内容を教えることとされている。「〔第1学年及び第2学年〕働くことのよさを知り，みんなのために働くこと。〔第3学年及び第4学年〕働くことの大切さを知り，進んでみんなのために働くこと。〔第5学年及び第6学年〕働くことや社会に奉仕することの充実感を味わうとともに，その意義を理解し，公共のために役に立つことをすること」。さらに，「A　主として自分自身に関すること」においても［希望と勇気，努力と強い意志］の項目が立てられて，下記の項目を教えることとされている。「〔第1学年及び第2学年〕自分のやるべき勉強や仕事をしっかりと行うこと。〔第3学年及び第4学年〕自分でやろうと決めた目標に向かって，強い意志をもち，粘り強くやり抜くこと。〔第5学年及び第6学年〕より高い目標を立て，希望と勇気をもち，困難があってもくじけず

に努力して物事をやり抜くこと」。

さて実際の道徳の教材ではどのように教えられるのであろうか。平成27年作成の『私たちの道徳』が今後作成される検定教科書の示唆を与えてくれるように思われるので，『私たちの道徳』を参考にどのような教材が，どの学年に配置されているのかを見たい。小学校1, 2年の『わたしたちの道徳』では，「はたらく ことの よさを かんじて」というタイトルで教材が提示されている。ここでは具体的な仕事内容ではなく，働くことが「気もちのよいこと」であるとして，仕事をすることが爽快感をもたらすというように，情的な面に訴えかけている。また実際に他人のために働いてよかったことを，感想形式で記述させる欄を設けている。働くことが自分とまわりの人々の幸せにつながることを，感情面から理解させようとしている。さらに新学習指導要領の［希望と勇気，努力と強い意志］に該当する項目も記述されている。「自分で やる ことは しっかりと」では「勉強」「学校でのしごと」「家でのしごと」をそれぞれ，児童自身が自分の課題を記述し，到達目標を作成させている。二宮金次郎に関する伝記が掲載され，次のような話が載せられている。この伝記では夜遅くまで金次郎は勉強していたが，明かりのあぶらを消費することをおじさんに注意されたが，金次郎はめげずに自ら菜種を蒔き，燃料を自己調達し勉学を続けた。この話によって，子どもたちにあきらめずに勉学をすることの大切さを教えることができるであろう。

また小学校3, 4年の『わたしたちの道徳』でも，同じように勤労と努力に関する教材が提示されている。しかし内容はさらに深化している。勤労に関しては，「働くことの大切さを知って」というタイトルで，働くことの大切さを教えることとされる。具体的に，看護師，消防士，教師，農家，工場技能者，ビジネスマンを挙げそれぞれのやりがいを記載している。また児童自身にやってみたい仕事を記述させ，夢を持たせるように促している。この時期の子どもは，具体的な職種を理解し，自分の夢を考えることができるので，この方法は発達段階に合わせた指導法と思われる。さらに学級や地域での自分の役割を自己記述させている。また特徴的な教材として，近年活躍した人物（天野篤，小篠綾子，井深大）を取り上げ，その人々が果たした役割を述べている。先の二宮金次郎の作品では，金次郎を目指すというよりも金次郎の行なった精神を学ぶことが主眼であったが，天野や小篠らの人物伝からは実際に社会に影響を与えることの素晴らしさが述べられている。また

「努力」に関する教材では，サッカー選手（澤穂希）やマラソン選手（高橋尚子）ら，児童に身近な人物を挙げている。児童が目標とする人物を，具体的に理解できるようにする工夫が行なわれている。

小学校5，6年の『私たちの道徳』では，さらに深い内容が掲載されている。「公共のために役立つことを」[17]というタイトルで，経済倫理についての記述がされている。「近江商人」をテーマに「三方良し」（「売り手良し」「買い手良し」「世間良し」）と，経済活動によって世間すべてが幸せになることの重要性が述べられている。さらに児童に自分の希望職種を記述させ，その職種が自分と相手と社会にどのような幸せをもたらすかを記述させている。職業が単に自己満足に終わらずに，社会全体の益になることをうまく伝える教材と思われる。しかし本章ではもう少し経済倫理について児童に教えることも可能性を求めたい。政治的知識については，国会や憲法の仕組みなどを社会科ですでに教えているが，経済的知識についても具体的知識を教えることは可能ではないかと思われる。すでに家庭科で消費生活の項目を児童は学んでいる。消費や売買の意義や，生計を立てることと関連付けて経済倫理をより児童に伝えることは可能と思われる。このように小学校の道徳教育を通して，キャリア教育の可能性は大きく開かれている。「道徳教育におけるキャリア教育」には2つの側面があると考える。ひとつは「働くことの意義」を伝えること，もうひとつは偉業を達成した人を学ぶことで，「子どもに夢と希望を与えること」（【情的側面】）である。さらに筆者は「経済に関する具体的知識を教えること」（【具体的知識の育成】）の重要性を指摘したい。この3点によって子どもは経済的に自立した人物へと成長することができるであろう。

4　シティズンシップ教育と道徳教育

(1)　シティズンシップ教育の現状

もうひとつ取り上げるテーマとして「シティズンシップ教育」（市民性教育）と道徳教育との関連を考察したい。シティズンシップとは何を意味するのであろうか。これは通常「市民性」と翻訳される。この概念が教育現場でもっとも機能しているのは，おそらく英国であると筆者は考える。英国では，2000年前後より若者の政治的無関心が大きな問題となった。[18]民主主義を成り

立たせるのは国民一人一人であるはずであるが，もし若者が政治に興味を持たず成人後も無関心であり続けるならば，民主主義そのものが危機に陥る可能性がある。そこで2002年より中等教育段階で「シティズンシップ」が必修科目として導入された。シティズンシップ導入に大きな影響を及ぼしたクリック（Bernard Crick, 1929-2008）は，シティズンシップの特性を「能動的である」ことに見て取る。クリックは古代ギリシアやローマに遡り，次のように述べる。「市民とは，公共の場での見解の表明や投票によって，通常はその両方によって，都市や国家の事柄に対して法的な発言権を持つ人々のことであった。……能動的なシティズンシップは，最重要の徳性と考えられていた」[19]。つまり国民としての務めを果たすことは，受動的に行なう義務ではなく，一人一人が能動的・積極的に行なっていかなければならない営みである。具体的に「社会的道徳的責任」，「コミュニティへの関与」，「政治的リテラシー」の3領域から成り立つとされている[20]。このように英国ではシティズンシップが必修科目として導入されているが，さらに中等教育段階修了資格試験である，GCSE試験（General Certificate of Secondary Education）にもシティズンシップが導入されている[21]。

　近年日本においても市民性教育の重要性が訴えられているが，実はシティズンシップ教育導入の口火を切ったのは経済産業省であった。2006（平成18）年に調査会を立ち上げ，「シティズンシップ教育宣言」を出している。シティズンシップ教育とは「公的・共同的な活動」「政治活動」「経済活動」の3領域から成り立つとされた。同宣言では，意識改革や学校自身の改革を謳っている。なぜ経済産業省がこのような取り組みを行なったのであろうか。同宣言では自立・自律した市民の育成とそのための学習の重要性を述べている[22]。他方内閣府も『平成25年版　子ども・若者白書』において「社会形成・社会参加に関する教育（シティズンシップ教育）の推進」を述べている[23]。ここでは各省の役割分担が述べられている。法教育，消費者教育，労働者の権利の教育などが述べられ，本来社会人として身につけておくべき知識を各省が分担して教育することを目標化している。さてそれでは実際にシティズンシップ教育はどのように行なわれているのであろうか。実例を見たい。

(2)　シティズンシップ教育の取組例

　わが国で有名なシティズンシップ教育の実践例として，東京都品川区の

「市民科」が挙げられる。品川区では小中学校が一貫化され９年制となっており，１〜４年生が「基礎・基本の定着」，５〜７年生が「基礎・基本の徹底」，８，９年生が「自学自習の重視」と３段階の目標設定を行なっている。カリキュラム面においても独自の課程編成を行なっている。「道徳の時間」「特別活動」「総合的な学習の時間」を統合し，「市民科」という独自科目を設定している。全体を４段階に分け，１，２学年では「基本的生活習慣と規範意識」，３，４学年では「よりよい生活への態度育成」，５〜７学年では「社会的行動力の基礎」，８，９学年では「市民意識の醸成と将来の生き方」に目的を置いている。ここからは従来の道徳の時間における「主として自分自身に関すること」から，「主として集団や社会に関すること」が段階的に身につくように工夫され，さらには公民性を身につけるように目標化されている。さらに５年生には経済体験学習「スチューデント・シティ」を行ない，生産活動・消費生活を体験的に学習する活動が行なわれている。この活動では８時間の事前学習で，児童は基礎的な経済・金融に関する知識を学ぶ。実際の体験学習では，学校内に企業を再現し企業と消費者の両方を体験する。実際に販売や営業，購入を通して，収益の租税システムを学ぶ。さらに８年生の「ファイナンス・パーク」では，収入や支出，貯蓄やローンなど具体的な生計の立て方を体験学習する。具体的に月々の家賃・食費・被服費等を考え，自分のライフスタイルを考えさせ，将来のライフスタイルや進路選択に役立たせる。

(3) 考　察

　さて筆者はこのような品川区の取り組みはたいへん効果的であると考える。とりわけ経済産業省が取り組もうとする経済・金融に関する知識や技能習得にとっては，たいへん効果的と考えられる。進路選択やキャリア教育にとっても，このような経済的知識の習得は重要である。これまでの学校教育では，経済・金融については中学校で日本銀行の役割や租税システムなどを知識として学ぶものの，実際の体験学習として学ぶ実践例は稀であった。今後日本社会がさらなる産業化・工業化を継続するためには，国民一人一人の経済的教養は必須である。しかしながら筆者は数点課題も指摘しておきたい。経済的教養は重要であるが，同時に経済倫理も児童生徒に教える必要があるということである。たとえば投資と投機の違いなどが挙げられる。ある企業の成

長を期待して銀行や株主が投資することがあるが，そこには単なる収益にとどまらない，夢の実現や社会構築への希望がある。ここでは経済活動が人の幸せを願って行なわれる。しかし投機は，金融市場のオンライン上のやりとりによってのみ，収益を生んだり減らしたりする営みである。ここは労働ややりがい，多くの人の幸せとは直接関係がない。もちろん現在の市場における投機マネーを否定することはできないが，学校教育では経済活動が同時に道徳的活動でもあるように児童生徒に導いていく必要がある。学校教育においても，国家全体の産業活性化を促すように経済教育，経済倫理教育を行なうことはきわめて有意義である。

5　経済倫理教育の一例

以上の考察を踏まえ，経済倫理教育の必須事項として次の3点を挙げたい。

① 【職業意識の育成】
② 【職業に関する具体的知識の習得】
③ 【職業の体験学習】

その上で経済倫理教育の一例を提示してみたい。2時間構成であるが，それぞれの授業で扱う主題は別に定めている。

小学校第6学年　2学期

主題名	ねらい	学習活動 (☆　児童の活動，△【私たちの道徳】の利用)	他教科との関連
C-14 勤労，公共の精神	働くことや社会に奉仕することの充実感を味わうとともに，その意義を理解し，公共のために役に立つことをすること。	① 教師が「三方良し」について説明する。 (△『わたしたちの道徳』152頁使用)。 ② 班に分けてそれぞれの職業について話し合う。 Q1「3つ仕事の役割について，班ごとに考えてみましょう」。 　1班　農家 　2班　医者 　3班　エンジニア（自動車） ☆どんな仕事内容か，社会にどのように役立っているかを話し合い発表する。 【職業に関する具体的知識の習得】	第1時 4年や5年の社会科の内容を復習。

		③ 各職業のシミュレーション学習 Q2「それぞれの仕事をするには,どんな事前準備が必要か考えてみましょう」。 「みんなが農家・医者・エンジニアになったとして,1年間の予定を作ってみましょう」。 　1班　農家 　2班　医者 　3班　エンジニア ☆それぞれの職業を行なうにはどのような事前準備が必要か,誰に対してどのようなかかわりを持つのかを話し合い,発表する。 【職業の体験学習】	
A-5 希望と勇気,努力と強い意志	より高い目標を立て,希望と勇気をもち,困難があってもくじけずに努力して物事をやり抜くこと。	① 前回の内容確認 ② 問題が起こった時の対応を話し合う。 Q1「前回考えてもらった職業についての続きです。問題が起ってしまいました。どのように対処するか考えてみてください」。 　1班　農家 ……「使用していた農薬が人体に悪影響を与えるかもしれないとわかりました。しかし法令違反ではありません。みなさんはどうしますか」。 　2班　医者 ……「医療ミスかもしれない事案を見つけました。しかし言わなければわかりません。みなさんはどうしますか」。 　3班　エンジニア（自動車） ……「プログラムミスを見つけました。しかし名乗り出なければわかりません。みなさんはどうしますか」。 ☆賛成・反対に分かれて話し合う。 それぞれの立場のメリット・デメリットも考えたうえで話し合う。 ③ 児童が将来の希望の職を考える。 Q2「みんなが将来してみたい仕事を考えてみよう。その仕事でどんな問題に突き当たるかも考え,どのように解決していくかも考えよう」。 ☆ただ「やってみたい」だけでなく,その職に就くにはどのような準備や学習が必要なのかを考える。さらにその職で予想されるトラブルも考え,どのように乗り越えていくかも考える。 【職業意識の育成】	第2時

　これまで経済倫理教育が行なわれることは稀であった。しかし今後日本がさらなる経済成長を遂げるならば,同時に経済倫理は必要となる。学校現場においてもさまざまな実践が行なわれることが望まれる。

(1) シティコープタワー事件の経緯と考察に関しては，斎藤了文・坂下浩司編『はじめての工学倫理』昭和堂，2001年，126－129頁参照。チャレンジャー号事件の経緯と考察に関しては，前掲『はじめての工学倫理』14－17頁，および札野順『新しい時代の技術者倫理』放送大学教育振興会，2015年，29－47頁参照。
(2) 中央教育審議会『今後の学校におけるキャリア教育・職業教育の在り方について』2011（平成23年）年，14頁。
(3) 下記参照。田中潤一「言語活動としての教養——学校教育における教養」寄川条路編著『若者の未来をひらく』角川学芸出版，2011年，23－48頁。
(4) 注（2）の答申，5頁。
(5) 前掲答申，5頁。
(6) 前掲答申，13頁。
(7) 文部科学省「キャリア教育の推進に関する総合的調査協力者会議報告書」2004（平成16）年。http://www.mext.go.jp/b_menu/shingi/chousa/shotou/023/toushin/04012801.htm（平成29年2月13日確認）
(8) 中央教育審議会『今後の学校におけるキャリア教育・職業教育の在り方について』2011（平成23）年1月，6－7頁。http://www.mext.go.jp/component/b_menu/shingi/toushin/__icsFiles/afieldfile/2011/02/01/1301878_1_1.pd（平成29年2月13日確認）
(9) http://www.meti.go.jp/policy/economy/jinzai/career-education/（平成29年1月15日確認）
(10) 経済産業省・一般社団法人キャリア教育コーティネーターネットワーク協議会『キャリア教育支援ガイドブック』2011（平成23）年，4頁。
(11) 同上，7頁。
(12) 文部科学省『小学校学習指導要領』2015（平成27）年，94頁。
(13) 同上，92頁。
(14) 文部科学省『私たちの道徳　一・二年』文溪堂，2014年，130－133頁。
(15) 文部科学省，前掲書，22頁。
(16) 文部科学省『私たちの道徳　三・四年』教育出版，2014年，130－135頁。
(17) 文部科学省『私たちの道徳　五・六年』廣済堂あかつき株式会社，2014年，152頁。
(18) 英国のシティズンシップ教育に関しては，武藤孝典・新井浅浩『ヨーロッパの学校における市民的社会性教育の発展——フランス・ドイツ・イギリス』東信堂，2007年，280－314頁の他，バーナード・クリック『シティズンシップ教育論』関口正司訳，法政大学出版局，2011年，長沼豊／大久保正弘／クリック他『社会を変える教育——英国のシティズンシップ教育とクリック・レポートから』キーステージ21，2012年を参照した。

(19) バーナード・クリック『シティズンシップ教育論』関口正司訳，法政大学出版局，2011年，15頁。
(20) クリック，前掲書，21頁。武藤・新井，前掲書，283頁参照。
(21) 武藤・新井，前掲書，315－322頁参照。
(22) 経済産業省『シティズンシップ教育宣言』（パンフレット）2006（平成18）年，1頁。
(23) http://www8.cao.go.jp/youth/whitepaper/h25honpen/b2_02_02.html
(24) http://www.city.shinagawa.tokyo.jp/hp/menu000006200/hpg000006190.htm（平成29年1月15日確認）。パンフレット「品川区の小中一貫教育」2015（平成27）年，品川区教育委員会。
(25) http://www.city.shinagawa.tokyo.jp/hp/menu000006200/hpg000006192.htm（平成29年1月15日確認）
(26) http://www.city.shinagawa.tokyo.jp/hp/menu000006200/hpg000006193.htm（平成29年1月15日確認）

【初出】 本章は，筆者の下記の論文に大幅に加筆・修正を行なった。田中潤一「道徳科の内容と指導に関する考察」『人間形成論研究』第6号，大谷大学教育・心理学会，平成28年3月23日。

04 いじめ問題と道徳教育

今西康裕

1　いじめの現状

　まず，これからの議論をすれ違いのないものとするため，ここでのメイン・テーマのひとつである「いじめ」の定義を先に確認しておきたい。
　そこでは，今日の子どもたちのいじめ問題に対する総合的施策を定めたものとして，後述するいじめ防止対策推進法がそれにあたるとみなし，同法における「いじめ」の規定を本論でも「いじめ」の定義として採用したい。
　すなわち，「いじめ」とは，「児童等に対して，当該児童等が在籍する学校に在籍している等当該児童等と一定の人的関係にある他の児童等が行う心理的又は物理的な影響を与える行為（インターネットを通じて行われるものを含む。）であって，当該行為の対象となった児童等が心身の苦痛を感じているもの」とされている。
　そして，いじめの現状に関して，この定義に則り，いじめの認知学校数・認知件数を示したものが図表04－1である。

2　いじめの原因

　いじめの原因に関しては，これを重層的にとらえ直接因・引き金要因と遠因との重なり合いを指摘したい。
　すなわち，直接因か遠因のどちらかひとつではなく，この両方が併存する

図表04-1 いじめの認知学校数・認知件数

区分		学校総数 A(校)	認知した学校数 B(校)	比率:B/A×100(%)	認知件数 C(件)	1校当たり認知件数 C/A(件)	認知していない学校数 D(校)	比率:D/A×100(%)
小学校	国立	72	40	55.6	397	5.5	32	44.4
	公立	20,556	11,413	55.5	121,635	5.9	8,872	43.2
	私立	222	83	37.4	689	3.1	135	60.8
	計	20,850	11,536	55.3	122,721	5.9	9,039	43.4
中学校	国立	77	59	76.6	310	4.0	18	23.4
	公立	9,736	6,764	69.5	51,200	5.3	2,897	29.8
	私立	794	338	42.6	1,459	1.8	421	53.0
	計	10,607	7,161	67.5	52,969	5.0	3,336	31.5
高等学校	国立	19	6	31.6	23	1.2	13	68.4
	公立	4,196	2,095	49.9	9,181	2.2	2,098	50.0
	私立	1,515	585	38.6	2,200	1.5	903	59.6
	計	5,730	2,686	46.9	11,404	2.0	3,014	52.6
特別支援学校	国立	45	2	4.4	4	0.1	43	95.6
	公立	1,036	254	24.5	956	0.9	779	75.2
	私立	14	2	14.3	3	0.2	12	85.7
	計	1,095	258	23.6	963	0.9	834	76.2
計	国立	213	107	50.2	734	3.4	106	49.8
	公立	35,524	20,526	57.8	182,972	5.2	14,646	41.2
	私立	2,545	1,008	39.6	4,351	1.7	1,471	57.8
	計	38,282	21,641	56.5	188,057	4.9	16,223	42.4

(注1) いじめの定義
本調査において、個々の行為が「いじめ」に当たるか否かの判断は、表面的・形式的に行うことなく、いじめられた児童生徒の立場に立って行うものとする。
「いじめ」とは、「児童生徒に対して、当該児童生徒が在籍する学校に在籍している等当該児童生徒と一定の人的関係のある他の児童生徒が行う心理的又は物理的な影響を与える行為（インターネットを通じて行われるものも含む。）であって、当該行為の対象となった児童生徒が心身の苦痛を感じているもの。」とする。なお、起こった場所は学校の内外を問わない。
「いじめ」の中には、犯罪行為として取り扱われるべきと認められ、早期に警察に相談することが必要なものや、児童生徒の生命、身体又は財産に重大な被害が生じるような、直ちに警察に通報することが必要なものが含まれる。これらについては、教育的な配慮や被害者の意向への配慮のうえで、早期に警察に相談・通報の上、警察と連携した対応を取ることが必要である。
(注2) 調査対象は国公私立小・中・高等学校及び特別支援学校。中学校には中等教育学校前期課程を、高等学校には中等教育学校後期課程を含む。
(注3) 学校総数は、高等学校の全定併置校を全日制、定時制をそれぞれ1校（計2校）としている。定時制を併置していない学校総数と認知した学校数の合計は、学校総数と一致しない。
(注4) 休校等の学校があるため、認知した学校数と認知していない学校数の合計は、学校総数と一致しない。

(出所) 文部科学省初等中等教育局児童生徒課「平成26年度「児童生徒の問題行動等生徒指導上の諸問題に関する調査」における「いじめ」に関する調査結果について」http://www.mext.go.jp/b_menu/houdou/27/10/__icsFiles/afieldfile/2015/11/06/1363297_01_1.pdf

図表04−2 いじめの認知（発生）件数の推移

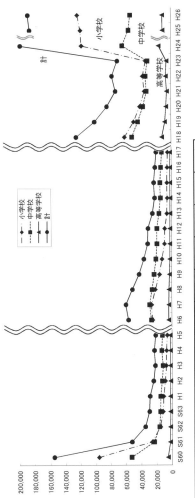

	60年度	61年度	62年度	63年度	元年度	2年度	3年度	4年度	5年度
小学校	96,457	26,306	15,727	12,122	11,350	9,035	7,718	7,300	6,390
中学校	52,891	23,690	16,796	15,452	15,215	13,121	11,922	13,632	12,817
高等学校	5,718	2,614	2,544	2,212	2,523	2,152	2,422	2,326	2,391
計	155,066	52,610	35,067	29,786	29,088	24,308	22,062	23,258	21,598

	6年度	7年度	8年度	9年度	10年度	11年度	12年度	13年度	14年度	15年度	16年度	17年度
小学校	25,295	26,614	21,733	16,294	12,858	9,462	9,114	7,718 (注2)	5,659	6,051	5,551	5,087
中学校	26,828	29,069	25,862	23,234	20,801	19,383	19,371	16,635	14,562	15,159	13,915	12,794
高等学校	4,253	4,184	3,771	3,103	2,576	2,391	2,327	2,119	1,906	2,070	2,121	2,191
特殊教育諸学校	225	229	178	159	161	123	106	77	78	71	84	71
計	56,601	60,096	51,544	42,790	36,396	31,359	30,918	25,037	22,205	23,351	21,671	20,143

	18年度	19年度	20年度	21年度	22年度	23年度	24年度
小学校	60,897	48,896	40,807	34,766	36,909	33,124	117,384
中学校	51,310	43,505	36,795	32,111	33,323	30,749	63,634
高等学校	12,307	8,355	6,737	5,642	7,018	6,020	16,274
特別支援学校（特殊教育諸学校）	384	341	309	259	380	338	817
計	124,898	101,097	84,648	72,778	77,630	70,231	198,109

	25年度	26年度
小学校	118,748	122,721
中学校	55,248	52,969
高等学校	11,039	11,404
特別支援学校	768	963
計	185,803	188,057

（注1）平成5年度までは公立小・中・高等学校を調査。平成6年度からは特殊教育諸学校、平成18年度からは国私立学校、中等教育学校を含む。
（注2）平成6年度及び平成18年度に調査方法等を改めている。
（注3）平成17年度までは発生件数、平成18年度からは認知件数。
（注4）平成25年度から高等学校に通信制課程を含める。

（出所）同前。

図表04-3 いじめの認知（発生）率の推移（1000人当たりの認知件数）

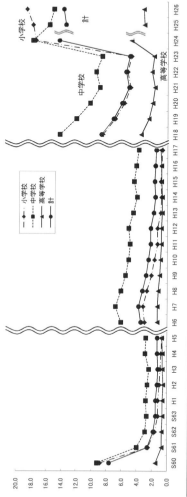

	60年度	61年度	62年度	63年度	元年度	2年度	3年度	4年度	5年度
小学校	8.8	2.5	1.6	1.2	1.2	1.0	0.8	0.8	0.7
中学校	9.2	4.0	2.9	2.8	2.7	2.6	2.4	2.9	2.8
高等学校	1.5	0.7	0.7	0.6	0.6	0.5	0.6	0.6	0.7
計	7.6	2.6	1.8	1.5	1.5	1.3	1.2	1.3	1.3

	6年度	7年度	8年度	9年度	10年度	11年度	12年度	13年度	14年度	15年度	16年度	17年度
小学校	3.0	3.2	2.7	2.1	1.7	1.3	1.3	1.3	0.9	0.9	0.8	0.7
中学校	6.1	6.8	6.1	5.5	5.1	4.9	5.1	5.1	4.5	4.4	4.1	3.8
高等学校	1.3	1.3	1.2	1.0	0.9	0.8	0.8	0.7	0.7	0.8	0.8	0.9
特殊教育諸学校	2.6	2.6	2.1	1.8	1.8	1.4	1.2	1.2	0.8	0.7	0.9	0.7
計	3.5	3.8	3.3	2.8	2.5	2.2	2.2	1.8	1.6	1.7	1.6	1.5

	18年度	19年度	20年度	21年度	22年度	23年度	24年度
小学校	8.5	6.9	5.7	4.9	5.3	4.8	17.4
中学校	14.2	12.0	10.2	8.9	9.4	8.6	17.8
高等学校	3.5	2.5	2.0	1.7	2.1	1.8	4.8
特別支援学校（特殊教育諸学校）	3.7	3.2	2.8	2.2	3.1	2.7	6.4
計	8.7	7.1	6.0	5.1	5.5	5.0	14.3

	25年度	26年度
小学校	17.8	18.6
中学校	15.6	15.0
高等学校	3.1	3.2
特別支援学校	5.9	7.3
計	13.4	13.7

(注1) 平成5年度までは公立小・中・高等学校を調査。平成6年度からは特殊教育諸学校、平成18年度からは国私立学校、中等教育学校を含める。
(注2) 平成6年度及び平成18年度に調査方法を改めている。
(注3) 平成17年度までは発生件数、平成18年度からは認知件数。
(注4) 平成25年度からは高等学校に通信制課程を含める。

（出所）同前。

ときにいじめは発生すると考えるのである。

　そして、まず直接因・引き金要因と考えられるのが、子どもたちの教室の価値基準からの微妙なズレである。

　ここではそのズレの「程度」が重要なのであり、価値基準からの大きなズレは、たとえば地球の大気圏外のものにその引力の作用が及ばないがごとく、子どもたちから顧慮されずに「捨て置かれる」。まさに「出過ぎた杭は打たれない」のである。

　逆に、教室の価値基準からの微妙なズレ・「似て非なる」状態は、それがたとえば、「学業成績がクラス全体から見て少し「良すぎる」」といった一般的にはプラスの価値付けがなされるのではと考えられる項目であっても、実際には許容・受容されることなく、全体とは「似て非なる」状態としていじめの重力・圧力に見舞われやすい(1)。

　しかし、こうした「似て非なる」状態の現出が常に即いじめの発生につながるわけではない。

　たとえこのような状態が生じたとしても、それを許容し受容する寛容さが子どもたちの間に存すれば、いじめは生まれないであろう。

　ただ、現実としていじめが発生している状況においては、こうした寛容さは存在せず、逆に、子どもたちの日々の不安や不満、ストレス等の負の感情が彼らを非寛容な存在に仕立て上げ、それらの負の感情が遠因となり、彼らをいじめに向かわせてしまうのではなかろうか。

　すなわち、遠因としての不安・不満等の負の感情を有した子どもたちは、「違いは間違いではない」にもかかわらず、他者の自分たちとの微妙なズレや違い、「似て非なる」状態を許容することができずに、いじめを開始してしまうのである。

　では、こうした不安や不満等の出所としては、どのような場が挙げられるのか。

　これには無論、子どもたちの生活空間としての家庭・学校・社会の3つの場が浮上してこよう。

　言うまでもなく、個人差や各家庭による差異はあるものの、それらの場で子どもたちは、たとえば、自らも核家族化・少子化のなかで育ち、対人関係づくりや子育てに不安を抱く親と過剰あるいは過少なバランスを欠いたかかわりを経験するところから不安や不満を高める。

図表04−4 いじめの認知（発生）学校数の推移

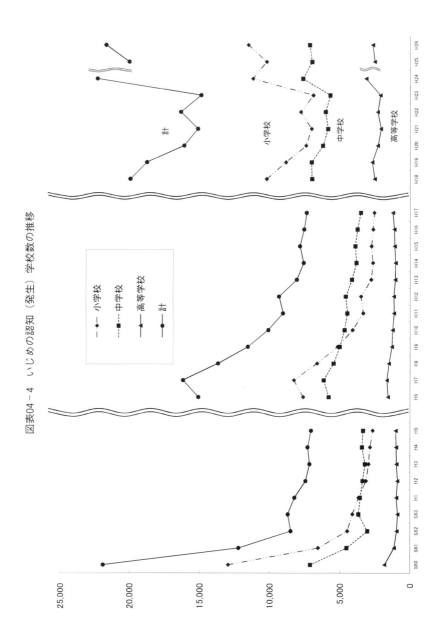

40　PART 2　現在の道徳教育の課題と教材研究

	60年度	61年度	62年度	63年度	元年度	2年度	3年度	4年度	5年度
小学校	12,968	6,560	4,497	4,135	3,695	3,163	2,984	2,883	2,684
中学校	7,113	4,532	3,061	3,696	3,575	3,403	3,234	3,440	3,371
高等学校	1,818	1,130	948	883	969	888	954	982	1,009
計	21,899	12,222	8,506	8,714	8,239	7,454	7,172	7,305	7,064

	6年度	7年度	8年度	9年度	10年度	11年度	12年度	13年度	14年度	15年度	16年度	17年度
小学校	7,626	8,284	6,638	5,182	4,118	3,366	3,531	2,806	2,675	2,787	2,671	2,579
中学校	5,810	6,160	5,463	5,023	4,684	4,497	4,606	4,179	3,852	3,934	3,774	3,538
高等学校	1,564	1,650	1,504	1,285	1,233	1,133	1,151	1,050	1,029	1,094	1,115	1,223
特殊教育諸学校	95	98	88	72	71	59	57	50	43	45	39	38
計	15,095	16,192	13,693	11,562	10,106	9,055	9,345	8,085	7,599	7,860	7,599	7,378

	18年度	19年度	20年度	21年度	22年度	23年度	24年度
小学校	10,982	8,857	7,437	7,043	7,808	6,911	11,208
中学校	7,829	7,036	6,230	5,876	6,046	5,711	7,636
高等学校	3,197	2,734	2,321	2,100	2,332	2,133	3,170
特別支援学校（特殊教育諸学校）	151	132	119	107	149	140	259
計	22,159	18,759	16,107	15,126	16,335	14,895	22,273

	25年度	26年度
小学校	10,231	11,536
中学校	6,999	7,161
高等学校	2,554	2,686
特別支援学校	220	258
計	20,004	21,641

（注1）平成5年度までは公立の小・中・高等学校を調査。平成6年度からは特殊教育諸学校、平成18年度からは国私立学校も調査。
（注2）平成6年度及び平成18年度に調査方法等を改めている。
（注3）平成17年度までは発生学校数、平成18年度からは認知学校数。
（注4）平成25年度からは高等学校に通信制課程を含める。

（出所）同前。

また，学校では，そこでの教育内容の肥大化に伴い，それらを限られた年月で消化するために効率を重視した管理主義の方針が敷かれ，多くの内容を網羅しなければならない毎回の授業はどうしても教師の側からの一方的で表層的な知識の伝達に終始しがちとなり，そこからは学びや自己の成長に対する充実感や満足感を伴いにくい。

　さらに，個人の教育歴・学校歴と職業選択の幅や種類が緊密に関連するという意味で学歴社会・学校歴社会は厳然と存在する一方で，少子化と消費社会化もあわせて進行し，子どもたちは貴重かつ重要な存在・顧客として各家庭や社会において「厚遇」を受ける。

　ただ，またその一方で，やはり学校においては教育・管理の対象として，その生活のかなりの部分で制約を受けるところから，それらの重圧や学校内外での自らに対する他者の接し方のギャップに悩み，違和感やとまどいを覚えるのである。

　加えて，特筆すべきは，現代の子どもたちの多くがこうした不安や不満など，負の感情を適切に処理する時間や場，仲間を持たないという事実[2]である。

　われわれも経験的に納得できるように，学校生活を含め，社会生活を送る過程で上述のような負の感情が個人のうちに蓄積していくことは半ば当然の結果である。そして，たとえそうした負の感情の蓄積があったとしても，それらを解消するためのすべや方法を有してさえいれば，この蓄積はさほど問題とはならない。

　ところが，今日の子どもたちは，そうしたすべや方法を持たず，負の感情が蓄積される一方である場合が多く，そうした状況にこれまた先に触れた「似て非なる」状態を現出させる他者が立ち現われた場合，そうした者に対して寛容なきいじめの刃を向けるのである。

3　いじめの特徴・問題性

　これについては，その継続性・長期化を挙げることができよう。

　また，さらにこうしたいじめの継続性・長期化の原因としては，いじめの持つ潜在化しがちな傾向を指摘することができる。

　すなわち，すでによく知られているように，いじめは子どもたちの間の四層構造から成り継続する。

そこでは，いじめの直接の当事者としての加害者・被害者に加え，そのいじめを「はやし立てる」観衆と「見て見ぬふりをする」傍観者が存在し，彼らが自身へいじめが「飛び火」することを恐れ，加害者に負のサンクション（制裁）を示さず，いじめの存在自体をも隠蔽(いんぺい)するところから，いじめは潜在化・長期化し，さらにはいっそう悪質なものとなる。[3]

　このようにいじめが長期にわたり継続することは，当然その被害者にとって，肉体的・精神的な苦痛の継続を意味するのであり，その間の本人の心情は言うに及ばず，周囲の子どもたちにとっても，そのような集団病理的な状況に長くかかわり身を置くことで，その後の彼らの精神的・道徳的成長に負の影響を与えることが懸念される。

　また，いじめの特徴・問題性の2つ目として，これが被害者の不登校や自殺，あるいは加害者に対する復讐としての殺人をも招きかねないという，問題誘発性とでも名付けるべき傾向を多分に有している点を挙げることができよう。[4]

　また，たとえば，このようにひとつのいじめから導き出され，被害者のうちに作り出された「他者にかかわるのが怖い」といった心的状況は，たとえそのいじめが解決・終息したとしても，その後長きにわたって本人を苦しめ，彼らの将来にも影響を与えるのである。

4　いじめへの対応・対策

　こうしたいじめに対しては，これまで各学校や市町村，都道府県，国とさまざまなレベルでさまざまな対応・対策が講じられてきた。

　しかし，結果として，いじめやこれによる被害者の自殺といった事例は後を絶たず，より精緻(せいち)で効果的な対応・対策が社会的に早急に希求されるところであった。

　このような状況のなかで，そうした社会の期待に応えるべく，2013（平成25）年に制定・施行されたのが，いじめ防止対策推進法である。

　この法律では，本章の冒頭で見たとおり，いじめを明確に定義した上で，インターネット上への悪質な書き込みも含めて，いじめの禁止を明記し，国や地方自治体，各学校にいじめ防止に取り組む責務を定めている。

　より具体的には，いじめ防止に向けて，各学校に教職員や心理，福祉など

の専門家で構成する組織の設置を義務化し，いじめと疑われる事案があれば速やかに事実確認を行なうこととされた。

　また，いじめが生じた場合には，学校はカウンセラーの協力も得ながら，いじめ被害者を継続的に支援すること，また，いじめ被害者が安心して教育を受けられるよう，かれらは別の教室で授業を受けさせること，が盛り込まれている。

　さらに，いじめ被害者が心身に重い被害を受けたり，長期欠席を余儀なくされるような重大事態が発生した際には，学校や教育委員会，地方自治体に調査と報告を義務づけるとともに，警察や児童相談所，法務局といった関係諸機関と学校との連携をも強く促し，早期発見・早期解決に努めることに力点が置かれている。

　こうした内容を有するいじめ防止対策推進法には，これまでにも増して子どもたちのいじめ問題に対する有効な手立てとして機能することが期待されるのである。

　ただ，これまた言うまでもなく，ひとつの法律の制定・施行によって，いじめ問題が一気に終息に向かうわけではなく，こうした外的規定と並んで子どもたちを内面から変え支える，換言すれば，いじめの内的抑止力となるような働きかけが必要であり，それらがいじめ防止に向けて先の法律とともに車の両輪のような役割を担うことが理想とされるだろう。

　そして，こうしたいじめの内的抑止力となり得るのが，いじめ防止対策推進法にも学校の設置者および学校が講ずべき基本的施策のひとつとしてその充実がうたわれている，道徳教育なのである。

　これまでにも触れてきたように，ネットいじめなどの拡大に伴い，ますますいじめが潜在化しがちな昨今，この道徳教育が有効に機能し，子どもたちを内面からいじめの抑止に導くことが大いに期待される。

5　いじめと道徳教育

　無論，これまでも道徳教育は，いじめのみならず子どもたちの問題行動を抑制するために，彼らの規範意識の低下を食い止める有効な手立てとして，社会的な期待を集めてきた。

　ただ，現実としては，道徳教育は授業内容が予定調和的で子どもたちがし

らけてしまうケースがあるほか,「そもそも道徳は教えられるものではない」と考える教師も少なくなく,これまでの中央教育審議会の報告等でも,「形式化し,実効が上がっていない」や「学年が上がるにつれて児童・生徒の受け止めがよくない」といった否定的な評価や指摘が数多くなされてきたのである。[(5)]

今回道徳教育の充実が強調され,教科化が図られた一因はこの点にあると言っても過言ではない。

実際に,これまで教科外活動（領域）であった小学校・中学校の「道徳」を,「特別の教科　道徳」とし,教科へと格上げした今回2015（平成27）年の学習指導要領の一部改定では,内容についての具体的な改定ポイントのひとつとして,いじめ問題への対応の充実が挙げられているのである。[(6)]

6　今後望まれる道徳教育

それでは,今後に展開が期待される,いじめ問題をはじめとする子どもたちの問題行動に実際に効力を発揮し,それらを防止することのできる道徳教育とはどのようなものか。

道徳教育の効果・効用は3段階で評価されるべきであろう。

すなわち,ある道徳的な事柄を,教育を受ける側の被教育者が頭で理解し,それを承認したかが第1段階。次に,その内容を真に自ら納得し承服したかが第2段階。そして,その事柄を実際に行動で実践できるかどうかが第3段階と言い得る。

そして,言うまでもなく被教育者を第3段階まで導くことができたという事実によって道徳教育の浸透度や効果は高いと判定されるであろう。

これまでの道徳教育は,子どもたちが教えられた道徳的な事柄あるいは徳目とでも言い得るものを個々に個人内で理解し納得する,せいぜい先の第2段階まで導くことが精一杯のものであった。

換言すれば,子どもたちに善悪を教える道徳教育,子どもたちのうちに自制心を育む道徳教育という,非常に静的なものであった。

しかし,今後道徳教育がいじめ問題の防止に資するものとなるためには,さらにより高次の段階に子どもたちを導くものにグレードアップ・バージョンアップされなければならない。

より具体的には，子どもたちが自らの問題解決のために，自ら行動できるような，その原動力や動機づけとなるような，また行動するための勇気を与えるような，動的な道徳教育が望まれる。

　そこでは，子どもたちは，たとえばスクールソーシャルワーカー（SSW）のサポートなども活用しながら，地域にある社会資源を有効に活用し，すみやかに問題解決を図っていくすべや自分の欲求不満や不安を社会的に許容される適切な形で処理する方法等を学ばなければならない。

　また，その教育の過程で，子どもたちには力強く「やってみなはれ」と背中を押してくれる大人からの働きかけ，大人の承認や励まし，勇気づけも不可欠であろう。

　大人との関係性のなかに「居場所」感を感じることができれば，子どもたちはより自信を持ち，社会や未来に一歩を踏み出すことができるからである。

　ともあれ，繰り返しになるが，大人からの承認や励ましを子どもたちが得られるような，大人とのかかわり合いや関係性，絆をも生み出すことができる道徳教育，子どもを大人がまたお互いにお互いを勇気づける状況を作り出すことのできる道徳教育，子どもたちや学校だけでなく大人や地域を巻き込む道徳教育の創出が期待される(7)。

(1)　このような傾向の背景には，やはり集団主義志向の優勢な日本の文化特性を指摘することができよう。
(2)　負の感情を解消・軽減する時間・空間・仲間を持たないところから，「三間（さんま）を持たない子どもたち」などと評される。当然のことながら，子どもたちは大人と区別され，飲酒や喫煙，ギャンブル等といったストレス解消の実行をも規制される上に，こうした「三間」をも持たないところから，ますます負の感情の蓄積を顕著なものとしていく。
(3)　いじめ潜在化・長期化の要因としては，他に，被害者自身がそのいじめ被害を明らかにすれば，さらにいじめは激烈なものにエスカレートするのではないかという恐怖心から，また自尊心が揺らぐことへの不安や，家族など自分の身近な人たちに心配や迷惑をかけるのではという思いから，これを明らかにしないということ，また，子どもたちの周りの教師や親たちも多忙ゆえに，また無関心から子どもたちの様子を注意深く見ようとせず，彼らのちょっとした変化やSOSのサイン等に気づかないといった事実を挙げることができる。
(4)　いじめは，「（被害者・加害者の）死に至る病」とも言い得るのである。

(5) 2007（平成19）年6月17日付『朝日新聞』大阪本社版朝刊。
(6) 他には，道徳教育を子どもたちの発達の段階をよりいっそう踏まえた体系的なものに改善すること，形式に関しては，検定教科書を導入すること，問題解決的な学習や体験的な学習等を取り入れ，指導方法を工夫すること等が挙げられ，評価に関しては，数値による評価ではなく，子どもたちの道徳性にかかわる成長の様子を把握し，文章表記での評価を行なうこと等とされている。
(7) 学校の授業開放，インターンシップ，高齢者施設等でのボランティア，学校段階の枠を超えた学校間交流，地域内ホームステイ，職場訪問，生涯学習の場としての学校の活用などを通して，子どもたちと大人とのかかわり合いが日常的で継続的なものとなれば，それらはまさに動的な道徳教育の諸実践と位置づけられよう。

■参考文献
菅野盾樹『いじめ＝〈学級〉の人間学』新曜社，1986年
森田洋司・清永賢二『いじめ　教室の病い』金子書房，1994年
鈴木健二『道徳授業づくり　上達10の技法』日本標準，2008年

05 地域社会・郷土と道徳教育

今西康裕

1 道徳教育を促進させるものとしての地域

　地域社会は，家庭と並び学校での道徳教育を補完するものとなり得る，またそうした機能を果たすことが期待される場である。
　すなわち，そこで子どもたちの先人としての住民によって語られることやそこでの人々の実践が，学校での道徳教育の内容と相違なく一致しておれば，その浸透度・定着度は向上する。
　高度に情報化の進展した，「ネット社会」と言われる現代社会においてもなお，われわれが最終的にある情報の信憑性を判断する基準とするのは，「顔の見える関係」であると言われるように，いまだ行動範囲や他者との社会関係が限定的な子どもたちにとっては，家庭や地域社会での生活を通して，「やっぱり学校で教わったとおりだった」という実感を得ることの意味は大きく，彼らの学校やそこでの教育への信頼の度合いを左右するのである[1]。
　また，地域社会はハード・ソフトの両面にわたり，道徳教育に格好の素材となる教育財や資源を提供する。
　つまり，子どもたちがそれまで慣れ親しんできた地域社会の自然や風土，そこに息づくすべての生命やその生の営み，あるいはそこで出会う人々，彼らが紡いできた文化的な遺産，社会関係，風習・習慣等は，すべて道徳教育に資するものとなり得る。
　そうしたものや人，生活様式等は，彼らにとって馴染みのものばかりであ

り，具体的で可視性が高く，経験的・体験的な理解もより容易であるところから，道徳教育によって教師をはじめとする先行世代が子どもたちに伝えたいと考える内容を端的にかつ象徴的に体現する存在となり得，彼らの道徳教育の学びを親近感の持てる，より印象深く効果的なものとするのである。

　よく言われるとおり，ひとつのゴールや目標に達するルートは複数存在する場合も多いが，地域社会はこのように道徳教育に大きく貢献する可能性を有している。逆にまた，それゆえに学校教育ではこうした地域社会の「特性を活かした」道徳教育が強調され目標とされるのである。

　そして，このように道徳教育等が意図されて地域社会に子どもたちがかかわりあうことによって，彼らはそこに愛着を感じ，自らのアイデンティティを支える郷土であるとの認識を持ち，そうした郷土としての地域社会やそのうちに息づくものを大切にして守りたい，さらによりよきものとし次代に引き継ぎたい，との思いを育む。

　こうした郷土愛とも表現できる気持ちを子どもたちの間に醸成することは，まさに道徳教育の目標のひとつでもあり，ここに至って，道徳教育の意図するものをより効率的・効果的に現出させ得る手段・方策としての地域社会は，一方で，それ自体が道徳教育のひとつのゴールともなるという両義性を持つこととなるのである。

2　地域社会の持つ意義

　それではなぜ，地域社会はそこに暮らす人々の郷土愛によって守られ，維持・存続が図られなければならないのか。われわれ人間にとっての地域社会の持つ意義について改めて考えていきたい。

　それは，やはり現在の地域社会が有する有形・無形の文化遺産や生活様式，人間関係や慣習・習慣等はそれまでにそこに暮らした人々の英知の結晶であり，われわれはこれに触れることによって，人間存在の偉大さやその知性の奥深さや幅広さを認識し，同じ人間として生まれてきたことに対する喜びや感謝の念を抱くのであり，こうした事実はまた自他を問わない人間尊重の精神をも育むとともに，これら先人たちの遺してくれたものを学び参照・応用し，新たな文化を創造しようとする姿勢を導く。

　また，地域社会は今の自分につながる人的系譜を明らかにすることで，祖

先や先祖に対する人々の注意を喚起し，これによりわれわれが過去からの流れのなかに自らを位置づけることで，各人のアイデンティティを明確化し，それらの先人に対する親愛や尊敬の感情を高める役割を果たす[(2)]。

さらに，個人を同心円の中心に据え，その社会関係の広がりを図示すれば明らかなように，地域社会は個人にとって，家族の外側に位置し，さらにその外側にある一般社会と家族とをつなぐ中間集団である。

すなわち，子どもたちは，その成長にしたがって活動の範囲を家族から地域社会，さらにその外側の一般社会へと広げていく。

その過程で，彼らはウチの世界からソトの世界を経験するとともに，当然のごとく個人の社会的責任は徐々に重くなっていく。

地域社会は無論，個人からすればソトの世界であり，文字通り社会的責任を伴う場である。

しかし，そこは純然たるソトの世界ではなく，たとえば自分の親戚等が暮らしていたり，前述したような「家族の古くからの顔見知り・知り合い」が多く生活を送る空間である。

そのため，そこはまた，一般社会の規範，規律のみが存立する世界ではなく，まさにローカル・ルールが適用され得る，ウチとソトとが合流する中間的な場であり，従来子どもたちはそこでソトの世界の厳しさを知るとともに，ウチの世界独特の寛容さからある程度の免責の恩恵に浴することで，「大目に見てもらい」，「やり直し」をする機会が与えられた。

そして，そうした経験を幾度となく繰り返しながら，彼らは段階的にソトの世界のルール等を学び，そこへ本格的に参加していく態勢を整えることができたのである。

また，一方で，地域社会は家族のようなウチなる世界に比して，多様な価値観が共存する場でもあり，そこで子どもたちは，異世代の人々の価値観をはじめ自分たちのものとは異なるさまざまなものの見方・考え方に触れ，他者の存在や意見の幅広さに気づき，自らの思考をも多面的で多角的なものに伸長させていくとともに，そうした自分とは異なる他者との「折り合い」や共存の方法を学んでいくのである。

地域社会は，子どもたちにとって，自分たちとはまったく異なる異質な価値観を自らの前に提示し，彼らを狼狽させる。その一方で，前述のごとく，彼らを「同郷者」として温かく包み込んでくれるという対照的な二面性をあ

わせ持つ多様性と統一性の共存の場なのである。

3 地域社会の現況

しかし，今日地域社会の内実は，文字通り地域差は当然のごとく存するものの，総じて少なくとも道徳教育との関連から見た場合には危機的な状況にある。

いわゆる「限界集落」の例を見るまでもなく，人口の過疎化・過密化の傾向はとどまるところを知らず，特定の地域社会においてはその社会としての共同性の維持すら困難な状況が現出している。

また，産業化・情報化の進展に伴う，規格品の大量生産・大量消費また画一的な情報の全国への一斉発信によって，地域社会の独自性や「郷土色」は希薄なものとなった。

全国どこへ行っても同じような人々の暮らしぶり，同じようなものの流行，同じような人と人とのかかわり合いが見られるのである。

さらに，この産業化や産業構造の変化は，地域社会のなかに暮らす人々の結びつきの強さや凝集性にも影響を及ぼす。

すなわち，過去の時代においては，農業をはじめとする第一次産業を生業とする地域が多く，そうした生業形態から地域内の人々や家々の協力は必要不可欠なものであり，否応なく人々の間の結びつきは強固なものとなって(3)，近隣や同じ地域内の人々に対しての協調的な姿勢が生み出されるのが常であった。

また，過去には，一定の地域内の人々はそのなかでほぼ同一あるいは関連の職業に従事しており，その意味での同質性の高さゆえに，地域内の人々と親和的な関係をより容易に築くことができた。

ところが，今日では，これらとはまったく逆の現実が現出している。

つまり，同じ地域に暮らしていても，人々の間では職業や職種が異なり，お互いに他者を自分とは異質な存在と認識し合う傾向が強い。また，生活時間帯等も異なる可能性があるところから，また地域に暮らす人々の多くが，他者との協働性をそれほど必要としない職業を今日生業とするところから，そうした人々の間の結びつきは緩く，脆く，ひとつの地域社会を単位とした以前と同様のまとまりや連帯はきわめて生まれにくい状況にある。

また，これも就業上の事由等から，過去に比して人々が一定地域に長期間定住することも減り，逆に転居を繰り返すという流動化の加速で，一定の地域社会への愛着や思い入れ，「郷土愛」や「おらが地域」という意識も芽生えにくくなっていることも事実である。
　さらには，これまで地域の凝集性を高めるものとして機能してきたお祭りなどの地域行事・年中行事なども，先述の過疎化や地域住民の職業生活上の多忙化などから担い手が不足し，継続が困難となっているところもある。
　そして，一旦行事等が中止となってしまえば，その地域の住民間のつながりはきっかけを失ってますますルーズなものとなり，再び催しを復活させ，人々の結びつきを以前同様に強固なものとすることはよりいっそう困難を極めるのである。

4　道徳教育と地域社会の相互の活性化を目指して

　それでもなお，地域社会は道徳教育の側面のみならず，われわれの生活全般に多様でかつ大きな影響を与える存在であることに変わりはない。
　いや，むしろ現代の社会状況は地域社会の重要性をさらに高めていると言い得る。
　子育てにおいても，近年は家族の核家族化，親戚関係の希薄化やひとり親世帯の増加が見られ，一方で少子化のなかで育った親世代の対人関係面での稚拙さ・未熟さが顕著なものとなり，地域での「親学」や「親業」の学び，また子育て支援の必要性が強調されている。[4]
　また，介護や障がい者福祉の領域においても，ノーマライゼーションが唱えられ，これを実現する，多様な人々が共生する場としての地域社会の役割はますます増大している。
　他にも，近年頻発する自然災害に対する備え，防災体制の整備なども地域社会を基本的な単位として推し進められるべきであろう。
　そうなると当然，そのうちにいる人々の紐帯（ちゅうたい）が非常にルーズなものとなった今日の地域社会で，これまでに挙げたような多様かつ重要な役割が担えるのか，という疑問や不安が生じよう。
　ただ，ここは「逆転の発想」を支持してみたいと思う。
　すなわち，現在すでに十分に整備が進み，充実を誇る地域にさらに上述し

たような役割を付加する，といったイメージではなく，逆に，まだまだ多くの課題や問題点を抱えた地域であっても，そこに先の役割をも与えるなかで，それらがきっかけとなり，地域のなかでの人々のかかわり合いや結びつきがより強固なものとなり，これまでの課題や問題点も軽減・解消されて，地域社会の活性化が実現されるといった構図である。[5]

　無論，こうした構図は根拠のない空理空論や気休めの楽観論として語られるわけではない。

　先に述べたように，地域社会にはどこも長い歴史があり，ソフト・ハード両面にわたる豊かな教育および社会資源がある。

　加えて，近年は，少子化のなかで子育てを経験し終え，今多くの余暇の時間を有している住民，何らかの理由で子育てを経験し得なかった住民，高齢化のなかでそれまで従事していた仕事を退職し，今なお心身ともに健康な高齢者（住民）が多数居住するなど，地域のポテンシャルはかなり高い場合が多い。

　先の構図を現実化させるためには，こうした地域社会のポテンシャルを誰かが主導権を取り顕在化させていくことが肝要となろう。

　そして，この主導権を取るべき存在こそ学校ではないだろうか。

　学校がそこでの道徳教育をはじめとする教育内容を地域社会に正確に伝え，[6]それを地域住民が理解した上で，学校教育と軌を一にして子どもたちに働きかけていけば，本章の冒頭にも述べたとおり，その教育効果はより大きなものとなる。[7]

　そうした学校から地域社会への働きかけの折に，あわせて学校は道徳教育にとどまらず広く学校教育全体に資する，また地域住民の生涯学習等にも寄与する地域社会の教育的・社会的資源やポテンシャルを把握し，それらの情報を管理する役割をも果たすべきである。

　そして，必要に応じてそれらの情報を地域住民に対しても公開し，それらの活用を促していくことも重要である。

　このことは，今日のスクール・ソーシャルワークの流れにも合致するものであると言える。

　結果として，学校が，地域社会と二人三脚で，そこにある資源も活用しつつ，道徳教育をはじめとする教育を十全に進めていけば，「地域のために汗をかきたい」とする，地域社会に強い志向性を有した者も多く現われるであ

ろうし，これによって地域社会の自律性や自治能力も向上するのである。

　ただ，留意すべき点は，地域社会への郷土愛が単に偏狭なローカリズム，自分の地域さえよければそれでよい，といった利己的な思考へと変質してしまわないよう心掛けることである。

　そのためには，子どもたちと向き合う教師や大人たちが，ひとつの地域社会がいかに多くの他の地域社会とかかわり合い，関係し合っているか，それら他の地域社会の存在やそれらとの共存抜きには自らの存在もあり得ないということを力説し，伝える必要がある。

　結果として，子どもたちが地域や国家さえも人と人とのつながりで成り立っていることを理解し，そうした他者や地域を自らや自らの地域と同様に愛することができれば，道徳教育等の枠に収まらない，教育の究極の目標達成につながるのであり，これを可能とするのは，翻って，地域社会や郷土の存在，そしてそれらに対する人々の愛情なのである。

(1) 　教育において，学校・家庭・地域の「三位一体」化が求められる所以である。
(2) 　より具体的には，地域のなかで，たとえば，そこの古くからの住民から「あなたのおじいちゃんはね，〜のような人だったんだよ」という話を聞かされることは，われわれとその祖先との（心理的な）距離を一気に縮める作用を及ぼし，そうした先人に親しみの感情を抱くきっかけとなろう。
(3) 　たとえば，田植えをするとき，田や畑に水路を引くとき，一定地域内の農家は共同してこれらの重労働にあたったのである。
(4) 　親世代にも子育てについての「三間」，すなわち時間・空間・仲間がないと言われる今日，地域社会にそれらの創出が期待されるのである。また，子育てから一時離れ，休息する場や機会も必要であろう。
(5) 　ここでの主張は，「地位が人をつくる」，「必要は発見・発明の母」との文言を参照として添えれば，より理解しやすいかもしれない。
(6) 　学校には他者に何らかを正確にわかりやすく伝えることに長けた，人的資源としての教師が存在する。
(7) 　逆に，この子どもたちに対する学校からの働きかけと地域からのそれとの間に乖離や矛盾があれば，子どもたちはダブル・スタンダードの状況に陥り，戸惑い，迷い，学校に対する信頼感を低減させるのである。
(8) 　その最たるものがナショナリズムであり，そこでは他国やその利益は一切考慮に入れられない。
(9) 　こうした注意喚起が行なわれるのは，裏を返せば，郷土愛はそうした了見の狭

い利己的な感情に転化しがちであるからであり，道徳教育のなかで郷土愛が強調されることに戦前・戦中期への回帰の危惧が表明されるのもこの理由によるのである。

■参考文献
竹内義彰編『未来を拓く人間と道徳』昭和堂，1985年
桐田清秀『学校生活指導を考える』三学出版，2000年
鈴木健二『道徳授業づくり上達10の技法』日本標準，2008年
文部科学省『中学校学習指導要領解説　道徳編』日本文教出版，2008年
文部科学省『私たちの道徳　中学校』廣済堂あかつき，2014年

06 宗教教育と道徳教育

岩瀬真寿美

1 はじめに

　宗教教育と道徳教育は一見すると近いようでありながら，同じものではない。どこが重なっていて，どこが異なるのか，道徳教育のなかで宗教教育に関わることがあるのか，あるとすればそれは何であり，それについてどのように扱えばよいのだろうか。本章では，日本国憲法と教育基本法を通して宗教教育のあり方について確認した後，学習指導要領と『私たちの道徳』を通して，「人間尊重の精神と生命に対する畏敬の念」を具体的な生活のなかに生かすことができる日本人の育成を，道徳教育のなかで具体的にどのように行なっていくことが求められているかを考察する。

2 宗教教育のあり方

　まずは学校教育における宗教教育の基本的な方針を確認する。宗教教育について考える際にまず指針としたいのは，わが国の教育の目的および理念などを定めた「教育基本法」である。とりわけ，宗教教育については，第十五条の第一項に，「宗教に関する寛容の態度，宗教に関する一般的な教養及び宗教の社会生活における地位は，教育上尊重されなければならない」，そして第二項に，「国及び地方公共団体が設置する学校は，特定の宗教のための宗教教育その他宗教的活動をしてはならない」と定められている[1]。「教育基

本法」は1947（昭和22）年の「日本国憲法」の精神に基づき制定された後，2006（平成18）年に全面改正された。新旧を対照すると，宗教教育に関して言えば，第一項のなかに「宗教に関する一般的な教養」の文言が新しく加筆されている。

　この第十五条の趣旨について，少し年代を遡って2003（平成15）年に開催された文部科学省中央教育審議会の基本問題部会の配布資料では次のように説明されている。本条は憲法第二十条第三項を受けた規定であること，その第一項は，「すべての教育を通じて，宗教教育が重んぜられるべきことを前提として，宗教教育の在り方を示すもの」であり，第二項は，「憲法の政教分離の規定を受けて，国公立学校の宗教的中立性，すなわち宗教教育の限界（特定の宗教のための宗教教育ないし宗教的活動の禁止）を示すもの」とある。なお，ここで参考法令として，「日本国憲法第二十条」が挙げられる。そこでは第一項に「信教の自由は，何人に対してもこれを保障する。いかなる宗教団体も，国から特権を受け，又は政治上の権力を行使してはならない」，第二項に「何人も，宗教上の行為，祝典，儀式又は行事に参加することを強制されない」，そして第三項に「国及びその機関は，宗教教育その他いかなる宗教的活動もしてはならない」と定められている。

(1) 「教育基本法」第十五条第一項における「宗教に関する寛容の態度」，「宗教に関する一般的な教養」，「宗教の社会生活における地位」

　さて，教育基本法第十五条に戻ると，前述の部会配布資料において，「宗教に関する寛容の態度」とは，「宗教を信ずる又は信じないことに関して，また宗教のうち一定の宗派を信ずる又は信じないことに関して，他宗教ないし他宗派をそれと認めつつ，侮べつ，排斥をしないこと，ゆるしいれることであり，さらに反宗教者に対しても寛容の態度をとること」とある。また，「宗教の社会生活における地位」とは，「宗教が歴史上社会生活において果たしてきた役割，過去の偉大なる宗教家の人格，宗教が現在の社会生活に占めている地位，及びその社会的機能，及び宗教の本質等を，一宗一派に偏することなく，客観的態度で教材の中に取り入れること」とある。

　「宗教に関する一般的な教養」の文言が2006（平成18）年の改正教育基本法に新しく加筆された背景には，その翌年の資料によれば，教育基本法第十五条第二項によって宗教教育に対してある意味で慎重にあるいは抑制的に

なり過ぎていたことが問題視されていたことがある。そしてこの文言を加筆することによって特に小中学校の社会科や高等学校の地理歴史科・公民科の学習指導要領の見直しが検討されていくこととなった。そこには，国際関係が緊密化，複雑化するなか，一般教養としての宗教に対する知識，具体的には主要宗教の歴史や特色，世界における宗教の分布などの知識を持つことを促したいという期待があった。[(4)]

(2)「教育基本法」第十五条第二項における「特定の宗教のための宗教教育」と「その他宗教的活動」

続いて，教育基本法第十五条第二項における「国及び地方公共団体が設置する学校」とは国公立学校を指し，そこにおいては，特定の宗教のための宗教教育その他宗教的活動をしてはならないことが定められている。一方で，私立の小中学校においては宗教をもって道徳科に代えることができる。「特定の宗教のための宗教教育」について，前述の部会配布資料では，「学説上，以下のいずれも禁止されると解するのが有力。a. 特定の宗教のための宗教教育　b. すべての宗教のための宗教教育（宗教一般を宣伝する目的で行われる教育）　c. 宗教を排斥することを目的として行われる教育」とある。[(5)] 最後に，「宗教的活動」については，「「宗教的活動」の意味については，「行為の目的が宗教的意義をもち，その効果が宗教に対する援助，助言，促進又は圧迫，干渉等となる行為」（昭和52年最高裁判決）とされている」とある。

3　宗教の本質と「畏敬の念」

さて「宗教の社会生活における地位」のところで，前述の部会配布資料において記述されている「宗教の本質等」とは具体的に何を指しているのだろうか。これを問うことは，そもそも宗教とは何かという問いへとつながっていく。「宗教」を定義することは非常に困難なこととされているが，一般的な辞書の定義を見ると次のように記述される。

<u>神または何らかの超越的絶対者，あるいは卑俗なものから分離され禁忌された神聖なものに関する信仰・行事。また，それらの連関の体系。帰依者は精神的共同社会（集団）を営む。アニミズム・自然崇拝・トーテ</u>

ミズムなどの原始宗教，特定の民族が信仰する民族宗教，世界的宗教すなわち仏教・キリスト教・イスラム教など，多種多様。多くは教祖・経典・教義・典礼などを何らかの形でもつ。

英語のreligionは日本語で「宗教」と訳されるが，religionの語源は，ラテン語のreligiō，その意味は「神への畏敬」である。「宗教の本質等」を定義することは困難であるが，「神または何らかの超越的絶対者，あるいは卑俗なものから分離され禁忌された神聖なものに関する信仰」が「宗教の本質等」に当てはまり，そこに信仰集団，経典，教義，典礼といった形あるもの，文化が作られていったと，ここでは結論づけたい。

また「宗教教育」については一般的な辞書の定義を見ると次のように記述される。

　　特定宗教の教義や儀礼などに関する教養や積極的関心を培う教育，ないしは，宗教に関する教養や宗教的情操を培う教育。1899（明治32）年には公立学校だけでなく私立小学校・中学校・高等女学校でも宗教教育が全面的に禁止されたが，第二次世界大戦後は教育基本法で宗教に関する寛容の態度およびその地位の尊重をうたうとともに，公立学校における特定の宗教のための宗教教育を禁止。

ここに記される「宗教的情操」についてはこれまでにも議論があった。教育基本法改正よりも前に開催された2003（平成15）年の中央教育審議会の基本問題部会においては，「情操」のなかに道徳的，芸術的，宗教的なものがあり，たとえば中学校の美術科では「美術を愛好する心情」を培うことが目標のなかに記述されているが，「情操」という言葉に「宗教的」という形容詞を付けた「宗教的情操」という言葉は複雑な意味合いを持つこと，および「情操」は個人と家庭に委ねられるべき等の理由から，教育基本法のなかにはその言葉自体は取り入れず，「畏敬の念」といった概念によって学習指導要領のなかに記述されるほうがよいといった議論もあった。

(1)　「学習指導要領」第1章　総則における道徳教育
　小学校，中学校のいずれも平成27年3月一部改正の新しい学習指導要領に

おいて，第1章総則の「第1　教育課程編成の一般方針」の2のなかに道徳教育に関する次の記述がある。

> 道徳教育を進めるに当たっては，<u>人間尊重の精神と生命に対する畏敬の念</u>を家庭，学校，その他社会における具体的な生活の中に生かし，豊かな心をもち，伝統と文化を尊重し，それらを育んできた我が国と郷土を愛し，個性豊かな文化の創造を図るとともに，平和で民主的な国家及び社会の形成者として，公共の精神を尊び，社会及び国家の発展に努め，他国を尊重し，国際社会の平和と発展や環境の保全に貢献し未来を拓(ひら)く主体性のある日本人の育成に資することとなるよう特に留意しなければならない。[10]

ここにはまさに「畏敬の念」という言葉があり，その対象は生命である。わが国の国公立学校においては，宗教教育と道徳教育の重なる点は「畏敬の念」を具体的な生活のなかに生かすことができる日本人の育成にあり，異なる点として，宗教教育のなかでも宗教に関する一般的な教養については特に小中学校の社会科や高等学校の地理歴史科・公民科で扱われるというところにある。

(2)　「学習指導要領」「第3章　特別の教科　道徳」における「D　主として生命や自然，崇高なものとの関わりに関すること」

　学習指導要領「第3章　特別の教科　道徳」の「第2　内容」に記される項目はA～Dの4つに分けられており，それぞれの中に3～9の項目がある。前述の「人間尊重の精神と生命に対する畏敬の念」に対応するものはA～Dのうち，「D　主として生命や自然，崇高なものとの関わりに関すること」である。Dに含まれる項目のキーワードは，「生命の尊さ」，「自然愛護」，「感動，畏敬の念」，および「よりよく生きる喜び」である。平成20年の学習指導要領と比較するとき，それぞれの項目に関して多少の字句が変わったが，それらについての詳細は措き，なかでも平成27年改正版にて新たに加筆された箇所の一部に下線で印をつけて図表06-1に一覧表として示す。

　新たに加筆された箇所として，「生命が多くの生命のつながりの中にある」ことの理解（第5学年及び第6学年），生命の「連続性や有限性なども含めて理解」（中学校）を求めており，これは死生学の学問領域とかかわる

図表06-1 「D 主として生命や自然,崇高なものとの関わりに関すること」の一覧

キーワード	項目(第1学年及び第2学年,第3学年及び第4学年,第5学年及び第6学年,中学校)
「生命の尊さ」	「生きることのすばらしさを知り,生命を大切にすること。」(第1学年及び第2学年) 「生命の尊さを知り,生命あるものを大切にすること。」(第3学年及び第4学年) 「生命が多くの生命のつながりの中にあるかけがえのないものであることを理解し,生命を尊重すること。」(第5学年及び第6学年) 「生命の尊さについて,その連続性や有限性なども含めて理解し,かけがえのない生命の愛護に努めること。」(中学校)
「自然愛護」	「身近な自然に親しみ,動植物に優しい心で接すること。」(第1学年及び第2学年) 「自然のすばらしさや不思議さを感じ取り,自然や動植物を大切にすること。」(第3学年及び第4学年) 「自然の偉大さを知り,自然環境を大切にすること。」(第5学年及び第6学年) 「自然の崇高さを知り,自然環境を大切にすることの意義を理解し,進んで自然の愛護に努めること。」(中学校)
「感動,畏敬の念」	「美しいものに触れ,すがすがしい心をもつこと。」(第1学年及び第2学年) 「美しいものや気高いものに感動する心をもつこと。」(第3学年及び第4学年) 「美しいものや気高いものに感動する心や人間の力を超えたものに対する畏敬の念をもつこと。」(第5学年及び第6学年) 「美しいものや気高いものに感動する心をもち,人間の力を超えたものに対する畏敬の念を深めること。」(中学校)
「よりよく生きる喜び」	「よりよく生きようとする人間の強さや気高さを理解し,人間として生きる喜びを感じること。」(第5学年及び第6学年) 「人間には自らの弱さや醜さを克服する強さや気高く生きようとする心があることを理解し,人間として生きることに喜びを見いだすこと。」(中学校)

ところである。全体を通して気づくことは,生命や自然に対しては「尊さ」,「すばらしさ」,「偉大さ」,「崇高さ」,「かけがえのなさ」といったキーワードが用いられ,美しいもの,気高いもの,人間の力を超えたものに対しては,「感動」,「畏敬の念」といったキーワードが用いられていることである。また,「人間として生きることの喜び」については従来の中学校の項目に加え,小学校第5学年及び第6学年においても加筆された。

4 『私たちの道徳』における「D 主として生命や自然,崇高なものとの関わりに関すること」

小学校第1学年及び第2学年では「いのちにふれて」,小学校第3学年及

図表06-2 『わたしたちの道徳 小学校一・二年』の「いのちにふれて」(88-115頁)

「いのちにふれて」	「(1) いのちを大切に」	自分の生まれたときの話を聞いたり、自分の名前にはどのような願いが込められているのかを知ることを促す内容、さらに、「生きている」ことを感じるときについて、例えば「手があたたかい」、「おいしく食べる」等の例を挙げ、話し合わせる内容がある。(90-93頁)
	「(2) 生きものにやさしく」	どのような生きものを育てたことがあるかなどについて書く内容や(102頁)、ファーブルについての読み物資料が掲載されている。(106-109頁)
	「(3) すがすがしい心で」	美しいと感じたり不思議だと感じたことについて記入させる内容がある。(114-115頁)

図表06-3 『わたしたちの道徳 小学校三・四年』の「命を感じて」(88-115頁)

「命を感じて」	「(1) 命あるものを大切に」	「生きているってどのようなことでしょうか」という問いに対して、「笑ったり泣いたりすること」、「病気やけがをしても、くじけない力をもっていること」、「思い切り力を出せること」などがその回答例として提案されている。また、「一生けん命、生きる！」、「助け合って生きている　一生けん命生きている」、「命あるかぎり生きる」という題目の下、例えば食事を例に挙げ、命の大切さを感じたできごとについて記入させたり、命に関する詩を読んで考えたことを書かせる内容がある。また、読み物資料として「ヒキガエルとロバ」が掲載されている。(90-99頁)
	「(2) 自然や動植物を大切に」	「動物や植物の生命の力」、「動物や植物の生命の力を感じて」、「動物や植物の不思議な力」、「自然や動物、植物との関わり」について、アブラゼミの羽化等の例や、「日本の植物分類学の父　牧野富太郎」を挙げながら考えさせる内容がある。(102-107頁)
	「(3) 美しいものを感じて」	鹿児島県の屋久島が紹介され、また、「わたしたちの心が動くのは、感じる心があるから」ということについて考えさせる内容がある。(108-111頁)

び第4学年では「命を感じて」、小学校第5学年及び第6学年では「命をいとおしんで」、中学校では「生命を輝かせて」という表題のもとに、それぞれ、「生命の尊さ」、「自然愛護」、「感動、畏敬の念」の3分類のテーマについて資料が作成・掲載されている。なお、中学校については、「生命の尊さ」と「自然愛護」がひとつ目のテーマ、「感動、畏敬の念」が2つ目、3つ目が「よりよく生きる喜び」として作成・掲載されている。[11]

(1) 小学校の『私たちの道徳』における「D　主として生命や自然、崇高なものとの関わりに関すること」

図表06-2および図表06-3に、小学校第1学年から第4学年の『わたした

図表06-4 『私たちの道徳　小学校五・六年』の「命をいとおしんで」(96-117頁)

「命をいとおしんで」	「(1) 自他の生命を尊重して」	「限りあるたった一つの命」であること，「多くの人との関わりの中で生きている」ことを理解させるとともに，「自分の命を見つめ」ることを自分の周りの人たちに幼い頃の自分の様子を聞くことによって考えさせる内容がある。(98-103頁)
	「(2) 自然の偉大さを知って」	「自然のめぐみを共有」すること，「私たちに何ができる」かについて自然環境の悪化の問題を中心に，絶滅危惧種や宮沢賢治の自然観を紹介するとともに，考えさせる内容がある。(110-113頁)
	「(3) 大いなるものを感じて」	「人間の力をこえたものに感動し，心を打たれること」として，具体的には虹，夕日，オーロラといった現象を挙げるとともに，日本画家の奥村土牛による101歳のときの作品「平成の富士」が紹介されている。(114-117頁)

ちの道徳』における「D　主として生命や自然，崇高なものとの関わりに関すること」の内容を，図表06-4に，小学校第5学年及び第6学年の『私たちの道徳』における「D　主として生命や自然，崇高なものとの関わりに関すること」の内容を概略的に紹介する。

　小学校第3学年及び第4学年においては「(1) 命あるものを大切に」のなかに読み物資料として「ヒキガエルとロバ」が掲載されている。これは，ヒキガエルをいじめる子どもたち，ロバを仕事の道具としてしか見ていない農夫，いじめられて弱ってしまったヒキガエルに対して憐れみの目をもって見つめる重い荷物を背負ったロバ，そしてそれまでヒキガエルをいじめることに夢中だった子どもたちがはっと良識ある我に返った心を深く考えさせたい作品である。

　続いて，図表06-4に，小学校第5学年及び第6学年の『私たちの道徳』における「D　主として生命や自然，崇高なものとの関わりに関すること」の内容を概略的に紹介する。

(2)　中学校の『私たちの道徳』における「D　主として生命や自然，崇高なものとの関わりに関すること」

　次に，図表06-5に中学校の『私たちの道徳』における「D　主として生命や自然，崇高なものとの関わりに関すること」の内容を概略的に紹介する。

　中学校の『私たちの道徳』「生命を輝かせて」は，冒頭が，「今，自分がここに生きていることの偶然性。誰もがいつか必ず死を迎えるという有限性。

図表06-5 『私たちの道徳 中学校』の「生命を輝かせて」(96-131頁)

「生命を輝かせて」	「(1) かけがえのない自他の生命を尊重して」	生と死について，赤ちゃんを抱いてみること，身近な人の死に直面することを通して知ること，感じることをテーマとしている。また，「科学技術の発達と生命倫理」について，出生前診断，代理母，遺伝子検査，クローン技術，脳死と臓器提供について調べたり話し合わせる内容がある。また，コラムの中には江戸時代末期の医師である緒方洪庵の言葉「人の命を救い，人々の苦しみを和らげる以外に考えることは何もない」が人物伝と併せて紹介され，さらにハイデッガーの言葉「人はいつか必ず死ぬということを思い知らなければ，生きているということを実感することもできない」などいくつかの著名人の言葉が紹介され，それらについて考えさせる内容がある。(102-107頁) また読み物資料として，「キミばあちゃんの椿」が掲載されている。(108頁-113頁)
	「(2) 美しいものへの感動と畏敬の念を」	「自然は私たちに感動や恵みを与えてくれる。同時に，自然は，人間の力を超えた力で，私たちに畏敬の念を抱かせる。私たちは，有限な存在である。そのことを謙虚に受け止めながら，その中で人間としてより良く生きるとはどういうことかを考えていきたい」という文章や，「自然の恵み」，「自然の美しさ」，「人間の力を超えるもの」，「自然の神秘を感じる」ことについて振り返らせる内容がある。「人間の力を超えるもの」について，具体的には，台風，豪雪，地震，火山の噴火を挙げている。また，「自然との調和」として，具体的には兵庫県豊岡市の「コウノトリ野生復帰プロジェクト」の話題が掲載され，自然との関わりについて考えさせる内容等がある。(114-119頁)
	「(3) 人間の強さや気高さを信じ生きる」	「欠点や弱点のない人間はいない。誰の心の中にも弱さや醜さがある。同時に，人間はその弱さや醜さを克服したいと，願う心をもっている。誘惑に負け，易きに流れてしまったとき，『しまった』と思う心の揺れが，良心なのではないか。その良心の声に耳を傾け，人間としてより良く生きようとする自分を大切にしたい」という文章から始まり，「人間として生きる喜び」という題目の下，自分の心の中の葛藤に打ちかてたことについて考える内容がある。その中で，謙虚さ，勇気，克己心，誇りが「良心」，妬み，傲慢，卑怯，虚栄心が「弱さや醜さ」として対比的に図示されている。また，杉原千畝が，第二次世界大戦中，ユダヤ人などの難民に対して，自らの判断で通過ビザを発行し，約六千人の命を救ったこと，そして彼の手記が紹介され，人間の誇りある生き方について考えさせる内容がある。さらに，アンネ・フランク，老子，パスカルなど古今東西の著名な人たちの言葉が紹介される。(120-125頁) 読み物資料として「二人の弟子」が掲載されている。(126-131頁)

そして先祖から受け継ぎ，子孫へ受け渡していく連続性。さらに，自分は他の誰でもない，唯一無二の存在であること。私たち人間ばかりでなく，生きとし生けるもの全てに思いをはせてみる。考えてみよう，生命とは何なのか

ということを」という文章から始まり，「今ここにいる不思議」(偶然性)，「いつか終わりがあること」(有限性)，「ずっとつながっていること」(連続性) について考えさせる内容がある。

「(1) かけがえのない自他の生命を尊重して」のなかに，読み物資料として「キミばあちゃんの椿」が掲載されている。登場人物の裕介は身体が弱く，「何のために生きているのかな，生きていても仕方がないのじゃないかと思ったりすることもあるです」と震えた声でキミばあちゃんに話す。キミばあちゃんはそこで，江戸時代の儒学者である広瀬淡窓が持っていた似た悩みを本を通して紹介する。広瀬淡窓は「君の行くべき道はただ一つしかなく迷いようがないではないか。君の得意な分野で生きていくことだ」，「不健康を理由に，だらだらした生活を送るならば，父母への最大の不幸だ」という言葉を倉重湊という医師から強くもらうことによって，悩んでいた気持ちを吹っ切って「咸宜園」に専念した。キミばあちゃんは淡窓について，「病気をすればするほど少々の困難にはびくともしない精神的な強さを身に付けたんだろうね。自分だけが何でという思いもあったとは思うけど。それを何かのせいにせず，前へ進もうとしたのが広瀬淡窓なんだよ」と裕介に話す。キミばあちゃんが裕介に伝えたかった思いと裕介が気づかされた生き方についてじっくりと考えさせたい作品である。

さらに，「(3) 人間の強さや気高さを信じ生きる」のなかに，読み物資料として「二人の弟子」が掲載されている。登場人物の智行と道信は対比的に描かれる。智行は真面目に修行を積んできたが，道信は本山から逃げ出し，遊び暮らしのなか，「まともな暮らしをしようとした矢先に妻を亡くし」，「生きる意欲すら無くしてしまった」ものの，そのとき見つけた雪に覆われたフキノトウを見たとき，「もう一度修行をやり直したい」との思いを持つ。上人はそのような道信に対して「お前は本当にたくさんのことを学んできた」と話し，修行を許す。一方で智行にはこのように上人が再び道信を弟子としてとることが理解できない。そこに月に照らされた一輪の白ゆりが智行の目に入り，智行の暗い心が圧倒される，という話である。智行，道信，上人の三者三様の心のあり方を深く考えさせるとともに，自分の心を内省する機会にもしていきたい作品である。

5　おわりに

　「D　主として生命や自然，崇高なものとの関わりに関すること」は人が生まれ，そして死ぬまで，人の一生を包みこむ大自然の世界までをも対象としている。人間の一生のうち，特に，赤ん坊として生きる時期や身体が思うように動かなくなった老年期，さらには病弱になったときや怪我をしたとき等において，人は自身の力ではどうにもならないことを思い知らされるが，それは児童期や青年期においてももちろん経験されることである。「A　主として自分自身に関すること」，「B　主として人との関わりに関すること」，および「C　主として集団や社会との関わりに関すること」は，よりよく生きるための目標となる項目を中心に構成されている。一方でDの視点のみが少し他と毛色が異なる印象をもたせるのは，Dが他よりも宗教教育に近いところにあるからであり，A〜Cの視点はDを基盤としてより達成できるものと言っても過言ではない。

(1)　「教育基本法」（2006（平成18）年全面改正）。下線は引用者による。
(2)　文部科学省　中央教育審議会　基本問題部会（第25回）（2003（平成15）年2月10日）配布資料2-2「教育基本法の規定の概要」
　　http://www.mext.go.jp/b_menu/shingi/chukyo/chukyo8/gijiroku/030202d.htm（2016（平成28）年5月1日アクセス）
(3)　同配布資料。下線は引用者による。
(4)　文部科学省　中央教育審議会　初等中等教育分科会　教育課程部会（第50回（第3期第36回））（2007（平成19）年1月10日）配布資料［資料4］宗教教育（第十五条関連）
　　http://www.mext.go.jp/b_menu/shingi/chukyo/chukyo3/004/siryo/07011201/003/009.htm（2016（平成28）年5月1日アクセス）
(5)　注（2）に同じ。
(6)　新村出編『広辞苑　第六版』岩波書店，2008年，1317頁。下線は引用者による。
(7)　木原研三『新グローバル英和辞典　第2版』三省堂，2001年，1626頁。
(8)　『広辞苑　第六版』1317頁。引用の際に漢数字を算用数字に直した。下線は引用者による。
(9)　文部科学省　中央教育審議会　基本問題部会（第26回）（2003（平成15）年2月17日）議事録

http://www.mext.go.jp/b_menu/shingi/chukyo/chukyo8/gijiroku/1264132.htm
　　　（2016（平成28）年5月1日アクセス）
(10)　「小学校学習指導要領」，「中学校学習指導要領」（いずれも平成27年3月一部改正）。下線は引用者による。
(11)　文部科学省『わたしたちの道徳　小学校一・二年』文溪堂，2014年。文部科学省『わたしたちの道徳　小学校三・四年』教育出版，2014年。文部科学省『私たちの道徳　小学校五・六年』廣済堂あかつき，2014年。文部科学省『私たちの道徳　中学校』廣済堂あかつき，2014年。
(12)　文部科学省『私たちの道徳　中学校』98－101頁。

07 福祉と道徳教育

田岡紀美子

1　児童が抱える福祉的問題

(1)　児童福祉とは

　児童の福祉は戦後復興をソフト面から可能とする最重要施策として，1947年制定の児童福祉法での，戦後の混乱期に困窮した児童の保護，救済から始まっている。当時は，戦災孤児や浮浪児など保護者のいない児童を施設に収容し保護することが中心であった。そこからさまざまな社会情勢を経て，近年では児童の貧困問題や児童虐待，不登校，いじめなど児童を取り巻く問題は複雑多岐にわたるものとなっている。このように児童を取り巻く状況は日々変化しているが，児童福祉法では「すべて児童はひとしくその生活を保障され，愛護されなければならない」（児童福祉法第1条第2項）と規定されている。また，1951年には「児童憲章」が制定され，1994年には日本も国連「児童の権利に関する条約」を批准し，児童の権利を保障するという理念が定着してきている。さらに，児童虐待については，児童虐待防止法が制定され，虐待対応の充実が図られている。

(2)　平成28年版子供・若者白書から見る児童福祉が対象とする問題

　近年の児童（この児童とは児童福祉法に言う18歳未満のもののことを指す。また，子供・若者白書に言う子どもについても児童福祉法に言う児童と同じ）を取り巻く状況について，「平成28年版子供・若者白書」では，①ニー

ト，ひきこもり，不登校の子ども・若者，②障害等のある子ども・若者，③非行・犯罪に陥った子ども・若者，④子どもの貧困問題，⑤特に配慮が必要な子ども・若者と困難な状況を挙げ，さらに子ども・若者の被害防止・保護として⑥児童虐待防止を挙げている。

①不登校の子ども・若者

小学生，中学生の不登校は，一時減少傾向にあったが，平成25年および平成26年と続けて前年よりも増加している。平成26年度の不登校者数は，小学生で0.39万人，中学生で2.76万人である。平成26年度の学年別の割合を見ると，中学1年生13.6％，中学2年生19.8％，中学3年生21.7％と中学校の3年間で半数を占めている。また，不登校となったきっかけは，小学生で「不安など情緒的混乱」がもっとも高く，次いで「無気力」，「親子関係」，「友人関係」の順となる。中学生では，「不安など情緒的混乱」「無気力」が多く，次いで「友人関係」，「学業の不振」，「親子関係」，「あそび・非行」，「病気による欠席」の順になる。それぞれの項目の大項目を見ると本人にかかわる状況，学校にかかわる状況，家庭にかかわる状況となり，不登校のきっかけとして，もっとも多い「不安などの情緒的混乱」は本人にかかわる状況に分類される。これにより不登校となるきっかけには本人と学校の状況をより詳しく分析し，これに対応していく必要があることがわかる。

②障害のある子ども・若者

一方で障害のある子どもに対する支援として「特別支援教育の推進」，「障害のある子供たちへの就学支援」，「障害のある子供と障害のない子供や地域の人々との交流及び共同学習」，「スポーツ活動」が行なわれている。また発達障害のある子どもについては，「発達障害者支援センター」を核とした地域支援体制の強化」，「学校における支援体制の整備」が行なわれている。発達障害については，その可能性のある子どもが通常学級に在籍しており，その支援体制を整えることは急務であり，学校の教職員や保護者に対し，厚生労働省と連携しながら，発達障害に関する正しい理解や支援に関する情報の提供などが行なわれている。さらに若者に対しては就労支援等が行なわれ，ハローワーク等との連携が図られている。

③非行・犯罪に陥った子ども・若者

刑法犯少年の検挙人員，触法少年（刑法）の補導人員，虞犯少年の補導人員は，10年で減少傾向にあるなど少年による犯罪は減少傾向にある。しかし，

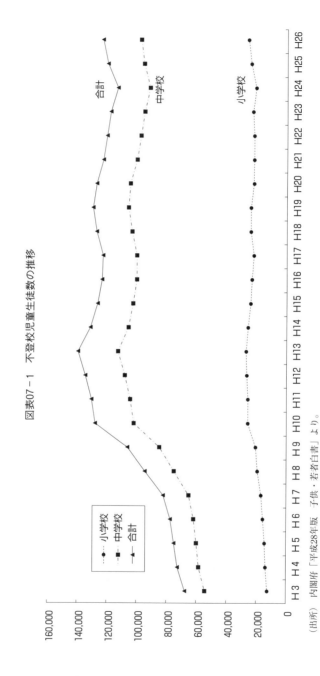

図表07-1 不登校児童生徒数の推移

(出所) 内閣府「平成28年版 子供・若者白書」より。

図表07-2　学年別不登校児童生徒数のグラフ（平成26年度）

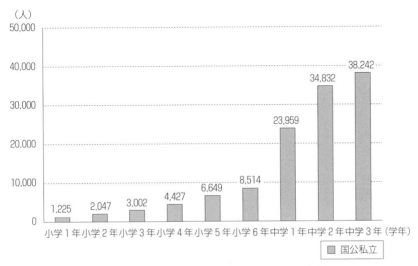

（出所）　児童生徒の問題行動等生徒指導上の諸問題に関する調査（平成26年度）

年齢別に見ると12歳以下の触法少年の割合が上昇傾向である。また，刑法犯少年の非行時間帯とその原因・動機を見た際，16時〜18時の時間帯が18.3％ともっとも多く，次いで18時から20時が13.2％，14時から16時が12.8％となっている。学校が終わってからの放課後の時間が犯罪にかかわりやすい時間帯であることがわかる。また，初発型非行の内訳としては，万引きがもっとも多く，47.5％であり，次に占有離脱物横領が23.8％となっている。これに対する原因・動機では，所持・消費目的が65.1％ともっとも多い。

子どもがこれらのことにかかわっていく背景には，家庭，学校，地域のそれぞれが抱えている問題が複雑にからみあっていると考えられ，これらが連携を図り，一体的な非行防止と立ち直りを支援していく必要があると考えられるところから，学校，警察，児童相談所，保護観察所といった関係機関がチームを構成する「サポートチーム」の編成や，警察署にスクールサポーターの配置や，更生保護サポートセンターの設置などが行なわれている。

④子どもの貧困問題

さらに，子どもの貧困問題については，平成25年に「子どもの貧困対策の推進に関する法律」が成立し，平成26年1月17日に施行された。

「子供・若者白書平成27年版」よると，子どもの相対的貧困率は1990年代

半ば頃より上昇傾向にあり，平成24年には16.3%となっている。また，大人が1人の世帯では，相対的貧困率は50%を超えている。さらに，経済的理由により就学援助を受けている小学生・中学生は平成24年には155万人である。

⑤特に配慮が必要な子ども・若者

自殺対策基本法に基づく自殺対策や性同一性障害をはじめとするLGBT（性的少数者）に対する理解促進が行なわれている。自殺については，減少傾向にあるものの，学業や進路に関する悩みが原因として挙げられている。また，外国人の子どもや帰国児童生徒の教育に対する配慮についても一時期は帰国児童生徒数が減少傾向にあったのが，平成26年度では増加している。さらに日本語指導が必要な外国人の子どもについても一時期減少していたが，同じく平成26年度では増加している。

⑥児童虐待防止

児童虐待防止法が施行されて以降，児童相談所の児童虐待相談対応件数は増加し続けている。

このような問題を解消するために，児童を取り巻く環境に働きかけ，支援をしていくという考え方を持つ，スクールソーシャルワーカーの役割に注目が置かれるようになってきており，その養成も始められている。

2　スクールソーシャルワークの意義

(1)　スクールソーシャルワークとは

スクールソーシャルワークは「福祉的な視点に基づき，子どもが学校教育を十分に活用しながら成長・発達していけるように支援していく専門分野」（岩崎）であると定義される。また，バーカー（R. L. Barker）（社会福祉辞典・第3版）によれば，「生徒が学校にうまく適応し，問題解決のために学校，家庭，地域社会が連携・協力できるように支援するソーシャルワークの専門領域」であるとされている。

さらに，これを具体的に示したのが，文部科学省が2008年より開始した「スクールソーシャルワーカー活用事業」のその趣旨に示された文言である。これによると，「いじめ，不登校，暴力行為，児童虐待など，児童生徒の問題行動等については，きわめて憂慮すべき状況にあり，教育上の大きな課題である。こうした児童生徒の問題行動等の状況や背景には，児童生徒の心の

問題とともに，家庭，友人関係，地域，学校等の児童生徒が置かれている環境の問題が複雑に絡み合っているものと考えられる。したがって，児童生徒が置かれているさまざまな環境に着目して働きかけることができる人材や学校内あるいは学校の枠を越えて，関係機関等との連携をよりいっそう強化し，問題を抱える児童生徒の課題解決を図るためのコーディネーター的な存在が，教育現場において求められているところである。このため，教育分野に関する知識に加えて，社会福祉等の専門的な知識や技術を有するスクールソーシャルワーカーを活用し，問題を抱えた児童生徒に対し，当該児童生徒が置かれた環境へ働きかけたり，関係機関等とのネットワークを活用したりするなど，多様な支援方法を用いて，課題解決への対応を図っていくこととする」とある。

　このことからスクールソーシャルワークは，児童生徒の置かれている環境に働きかけ，学校内外にある福祉的問題の解決を図り，学校教育を十分に受けることができるように支援していくものであると定義されることがわかる。

　また，スクールソーシャルワークの目的として，「学校の役割の実現〔教育に関する権利の保障，発達障害等の早期発見・早期支援の開始と継続，被虐待児等の早期発見・通告・連携による支援の開始と継続など〕といえ，一人ひとりの児童のウェルビーイング〔well-being〕の実現と増進，生活の質の向上への支援であり，「子どもの最善の利益」の理念や児童の福祉の原理と融合するものである[2]」と示されている。すなわち児童生徒が抱える問題は，彼ら自身で解決できる問題ばかりではなく，学校という場において解決を図るには複雑であり，問題の状況は学校外で起こっていることも多くある。そのため，学校内での活動にとどまらず，学校の外にある環境に働きかけることを専門とする職種が求められていると言えるだろう。

(2) スクールソーシャルワーク導入の背景

　さらに，スクールソーシャルワークを導入する必要性として，岩崎（2014）は，①複雑多様化する今日の教育病理に対する福祉的視点による援助の必要性，②心理面へのケアだけではなく，子どもの生活全般を対象とした支援の枠組みの必要性，③学校，家庭，地域間の連携を促進すること。特に子どもあるいは家庭の学校に対するアドボカシー機能の必要性，④学校と関係機関の調整役および地域への働きかけを担うコーディネーターといった専門職の

必要性，⑤教育病理をマクロ的な視点からも解決していくための理論および技法（ソーシャルアクションなど）の必要性とまとめている[3]。

　児童生徒が置かれている困難な状況を打破し，福祉の実現と増進を図るには，児童生徒や児童生徒にかかわる関係者の代弁者となる者が必要である。そこから環境を整え，調整を図っていくことが求められている。さらには，児童生徒一人一人の状況の改善にとどまらず，また，学校内のみにかかわらず，学校外においてもその福祉的な環境が整うような支援を図れるように視野を広げ，働きかけていくことがスクールソーシャルワークには求められている。

3　スクールソーシャルワーカーに求められること

(1)　スクールソーシャルワーカーに必要な知識

　スクールソーシャルワーカーは，福祉の専門職であることから，ソーシャルワークの「価値」「知識」「技術」を基本とすることはもちろんである。しかし，支援の場となるのが学校であることから，学校の役割や学校で必要とされる知識を身につける必要がある。学校で使われている言葉は，社会福祉の専門分野で使われている言葉と違う意味で使用されていることがあり，そのため，学校にてチームの一員として活動するには，学校で使われている言葉を共通言語として理解しておくことが求められる。また，児童生徒が置かれている状況が学校教育にどのような影響を及ぼすのかを理解し，その対応方法である法律・制度・システムを把握しておく必要がある。

　野田は，平成27年度スクールソーシャルワーカー養成研修（平成27年7月12日（日）第2回（全6回））のなかで，スクールソーシャルワーカーに必要な知識・法律・制度等として下記のものを挙げている。

　①貧困による就学援助

　学校教育法では，「経済的理由によって，就学困難と認められる学齢児童又は学齢生徒の保護者に対しては，市町村は，必要な援助を与えなければならない」としている。就学援助の対象者は生活保護法に言う要保護者と，要保護者とまではならないが，それに準ずる程度に困窮していると市町村教育委員会が認める者である準要保護者である。要保護者に対しては，学用品費や体育実技用具費，新入学児童生徒学用品費等，通学用品費，通学費，修学

旅行費，校外活動費，医療費，学校給食費，クラブ活動費，生徒会費，PTA会費について支援される。準要保護者については，各市町村において独自で実施されている。

　②いじめ
　いじめ防止対策推進法に言う「いじめ」の定義とは，「児童等に対して，当該児童等が在籍する学校に在籍している等当該児童等と一定の人的関係にある他の児童等が行う心理的又は物理的な影響を与える行為（インターネットを通じて行われるものを含む。）であって，当該行為の対象となった児童等が心身の苦痛を感じているものをいう」（同法第2条第1項）とされている。いじめの定義の要点は，いじめの対象となった児童生徒がいじめられたと感じているかどうかがその境目となることを知っておく必要がある。

　③要保護児童と虐待
　要保護児童は保護者がないか，保護者に監護されることが不適当な児童のことを言い，状況としては，親不在，非行，児童虐待などが挙げられる。
　また，児童虐待では，児童虐待防止法にて，保護者（親権を行なう者，未成年後見人その他の者で，児童を現に監護するものを言う）がその監護する児童について，身体的虐待，性的虐待，ネグレクト，心理的虐待を行なうことと定義されている。また，児童福祉法や児童虐待防止法には通告義務が規定されている。

　④不登校
　欠席には，一時的に風邪などの理由で短期欠席をするもの，病気や経済的理由，不登校などによって長期欠席するもの，停学や休学，出席停止などがある。そのため不登校とは，年間30日以上学校に来ない長期欠席のひとつである。
　不登校となる原因には，学校生活上の問題や，あそび・非行，無気力，不安など情緒的混乱などが挙げられる。

　⑤犯罪・非行
　少年法による犯罪少年と触法少年，虞犯などの定義を理解しておく必要がある。犯罪少年とは罪を犯した14歳以上の少年のことであり，触法少年とは14歳に満たないで刑罰法令に触れる行為をした少年である。虞犯は将来，罪を犯し，または刑罰法令に触れる行為をする虞（おそれ）のある少年のことを指す。
　スクールソーシャルワーカーはこれらの知識を持って，関係機関との連

携・調整を行ない児童生徒やその環境にかかわるものを支援する。

(2) スクールソーシャルワーカーに求められる機能

スクールソーシャルワーカーは，前述のスクールソーシャルワーカー活用事業を根拠とし，原則として社会福祉士や精神保健福祉士等の福祉に関する専門的資格を有する者のうちから選考を行なうこととしている。ただし，実状に応じて，福祉や教育の分野において専門的な知識・技術を有する者または活動経験の実績等がある者についても選考の対象となっている。また，主な職務内容としては，①家庭環境や地域ボランティア団体への働きかけ，②個別ケースにおける福祉等の関係機関との連携・調整，③要保護児童対策地域協議会や市町村の福祉相談体制との協働，④教職員等への福祉制度の仕組みや活用等に関する研修活動が挙げられる。(4) スクールソーシャルワーカーの配置状況としては，平成26年度で1186人であり，保有資格の状況は，社会福祉士が558人（47.0％），精神保健福祉士が298人（25.1％）である。その他福祉に関する資格を保有しているものは，154人（13.0％），教員免許を有する者428人（36.1％）であった。さらに資格を有していない者についても90人採用されているのが現状である。(5)

また，一方で，中央教育審議会では，「チームとしての学校の在り方と今後の改善方策について」において，生徒指導上の課題解決のための「チームとしての学校」の必要性を以下のように述べている。

> 子供たちの問題行動の背景には，多くの場合，子供たちの心の問題とともに，家庭，友人関係，地域，学校など子供たちの置かれている環境の問題があり，子供たちの問題と環境の問題は複雑に絡み合っている。単に子供たちの問題行動のみに着目して対応するだけでは，問題はなかなか解決できない。学校現場で，より効果的に対応していくためには，心理の専門家であるカウンセラーや福祉の専門家であるソーシャルワーカーを活用し，子供たちの様々な情報を整理統合し，アセスメントやプランニングをした上で，教職員がチームで，問題を抱えた子供たちの支援を行うことが重要である。(中央教育審議会「チームとしての学校の在り方と今後の改善方策について」（答申（案））（抄））

図表07-3　チームとしての学校のあり方

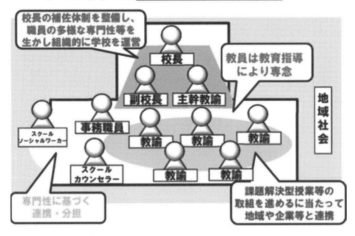

（出所）　文部科学省 HP より。http://www.mext.go.jp/b_menu/shingi/chukyo/chukyo3/052/sonota/1360372.htm

　このことからも，学校現場に福祉の専門職を入れ，子どもたちを取り巻く問題を学校がチームとして連携し支援することの必要性があることがわかる。
　文部科学省はチームとしての学校のあり方を図表07-3のように示した。
　いじめや不登校，特別支援教育，貧困問題への対応など学校に求められる役割が拡大し，組織的な学校マネジメントが求められるようになった。また，学校の事務内容が複雑化・高度化したことによって学校の教員に求められる役割が拡大し，マンパワー不足となっている。これに対しチーム学校を実現することによって教員以外の専門スタッフを参画させ，教員には教育に専念できるような体制を構築する。
　さらに，スクールソーシャルワーカーはその職務内容からもわかるように，学校内では，学校教職員，スクールカウンセラー等と連携し，学校外では，要保護児童対策地域協議会や市町村の福祉相談体制との連携が求められる。さらに，個別ケースへの対応を行なうためには，学校が所在する地域にある

図表07−4　スクールソーシャルワーカー活用事業のイメージ

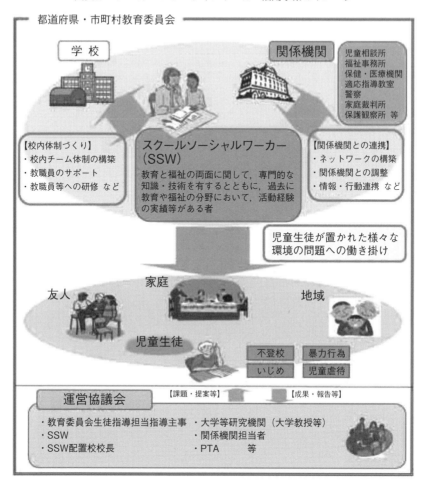

（出所）　文部科学省「スクールソーシャルワーカー活用事業事例集」より引用。http://www.mext.go.jp/a_menu/shotou/seitoshidou/1246334.htm

社会資源を活用することが求められるだろう。スクールソーシャルワーカーを取り巻く環境としては，児童虐待や子どもの貧困，不登校，暴力行為，自殺，いじめなどがある。これらの問題に対応するためには社会資源の活用が大切となる。

①要保護児童対策地域協議会

要保護児童対策地域協議会は，児童福祉法第25条の２に規定され，要保護

児童への支援ネットワーク構築を図り，地方公共団体に対して，要保護児童対策地域協議会の設置の努力義務を課している。協議会は，協議会に関する事務を総括するとともに，要保護児童等に対する支援が適切に実施されるよう，要保護児童等に対する支援の実施状況を的確に把握し，必要に応じて児童相談所その他の関係機関等との連絡調整を行なう要保護児童対策調整機関を置くことになっている。調整機関は要保護児童の支援をめぐり，情報の交換および協議を行なうため必要があると認めるときは，関係機関等に対し資料または情報の提供，意見の開陳その他必要な協力を求めることができる。[6]

②学校が所在する地域の社会資源

福祉的な問題を抱える子どもたちが活用することができる社会資源には，子育て短期支援事業があり，ショートステイやトワイライトステイを実施している。ひとり親家庭等で子どもの養育が一時的に困難となったり，仕事の都合等で夜間等に子どもの養護が困難となった場合に利用できる。

これら，地域にはさまざまな社会資源があり個人をそこにつなげる技術がスクールソーシャルワーカーには求められる。イメージとしては，図表07-4のようにさまざまな社会資源と連携を図りながら，児童生徒の置かれている環境に働きかけていくことである。

(3) スクールソーシャルワーカーに求められる道徳的視点

ソーシャルワークは，グローバル定義で「ソーシャルワークとは，社会変革と社会開発，社会的結束，および人々のエンパワメントと解放を促進する，実践に基づいた専門職であり学問である。社会正義，人権，集団的責任，および多様性尊重の諸原理は，ソーシャルワークの中核をなす。ソーシャルワークの理論，社会科学，人文学，および地域・民族固有の知を基盤として，ソーシャルワークは，生活課題に取り組みウェルビーイングを高めるよう，人々やさまざまな構造に働きかける」とされている。ソーシャルワーカーはこれを実践する専門職であり，スクールソーシャルワークがソーシャルワークの専門分野のひとつである限り，この定義やソーシャルワーカーの倫理綱領にある指針を忘れることなく実践していくことが求められる。

さらに，学校現場において道徳教育が教科化され，その成果が注目されているなかで，児童生徒も今まで以上に道徳的内容を学ぶ機会が増えることとなる。そのようななかで，より高い道徳性を根底に支援することが求められ

るスクールソーシャルワーカーは，その行為が，児童生徒の今後の人生や考え方に大きく影響するであろうことを念頭に置いて活動する必要性があると言えるだろう。児童生徒が学校やスクールソーシャルワーカーの支援によって自身の学校生活や家庭，地域での生活がより豊かになったと実感するならば，教科で教えられる道徳の大切さについて実感し体現していくことができるようになるのではないだろうか。教科で教えられることを実生活のなかで感じることができなければ，教科との間に「ホンネ」と「タテマエ」のような乖離が生まれ，その内容を身につけることが難しくなる。自身の行動が，まさしく道徳の教科の体現であることを理解し，活動する気概がスクールソーシャルワーカーには求められているのではないかと感じる。

4 まとめ

ソーシャルワーカーは，支援の対象者に起こる問題は，その人とその環境との間で行なわれている相互作用によって発生していると考える。そのため，発生した問題について，当事者とその環境を含めてアセスメントし，当事者のみならず，環境に対しても働きかけを行なう。また，社会福祉は，その支援の対象としている人が社会の一員として，尊重され，包摂されることが大切であると理解している。

このことを踏まえ，最後にスクールソーシャルワークと道徳教育の関係性について考えたいと思う。

道徳教育で求められていることについて，学習指導要領では，「教育基本法及び学校教育法に定められた教育の根本精神に基づき，人間尊重の精神と生命に対する畏敬の念を家庭，学校，その他社会における具体的な生活の中に生かし，豊かな心をもち，伝統と文化を尊重し，それらをはぐくんできた我が国と郷土を愛し，個性豊かな文化の創造を図るとともに，公共の精神を尊び，民主的な社会及び国家の発展に努め，他国を尊重し，国際社会の平和と発展や環境の保全に貢献し未来を拓く主体性のある日本人を育成するため，その基盤としての道徳性を養うことを目標とする」と示されている。道徳教育では，道徳的な判断能力を身につけさせ，それを実践できるような道徳性の育成が求められ，育成できるように教育がなされる。そして社会福祉が求めるのは共生社会であり，福祉的な支援が行なわれる根拠となるものは，自

助・共助・公助を行なえる社会づくりの精神である。道徳教育の充実は，この共生社会を築くこととなり，共生社会を維持していくことにもつながる。そうすることによって，社会福祉制度，サービスはそれを必要としている人のために創出され，活用できるようになる。まさに，道徳教育の充実と社会福祉の増進は相互補完的な関係であると言える。

　さらに，自分自身も道徳的な環境に身を置き，社会の一員としてその役割を担っているのであるという実感を持つためには，自分自身が必要と求めるときにその取り巻く環境から支援を受けられるのだという実感を持つ必要があるのではないだろうか。まず，そのためには，児童生徒がその生活の中心としている学校で福祉的な支援を受けられる状況が必要である。そうした状況を創出する中心となるのがスクールソーシャルワーカーであると考える。

(1)　遺失物・漂流物など，占有を離れた他人の物を横領することであり，遺失物横領とも言う。遺失物とは，落とし物，忘れ物などのことである。
(2)　山野則子・野田正人・半羽利美佳編著『よくわかるスクールソーシャルワーク 第2版』ミネルヴァ書房，2016年，27頁。〔　〕は引用者による。
(3)　岩崎久志『教育臨床への学校ソーシャルワーク導入に関する研究』風間書房，2014年，93頁。
(4)　スクールソーシャルワーカー活用事業実施要項（平成25年4月1日）。
(5)　文部科学省初等中等教育局児童生徒課　学校における教育相談に関する資料（平成27年12月17日）。
(6)　文部科学省初等中等教育局児童生徒課「スクールソーシャルワーカー実践活動事例集」66頁。

PART 3
● 道徳教育の理論

08 伝統的倫理学と道徳

井西弘樹

　本書ではここまで，現代の日本において道徳教育が有する意義や課題について考察を行なってきた。道徳教育とはその名の通り，生徒の道徳性を育むことを目的としている。ここでいう道徳性とは，ものごとの善悪や正不正について適切に判断し行為することのできる能力と言い換えることができるだろう。ところで，ここでひとつの疑問が浮かぶ。そもそも，「善」や「悪」とは，どのような仕方で決まるのだろうか。われわれが善や悪についてなんらかの判断基準を持っているのは確かだが，あらためて「善とは何か」と尋ねられてみると，大抵の人はうまく答えられずに困惑してしまうのではないだろうか。だが，道徳科が生徒の道徳性の涵養を目指す教科である以上，教師には道徳性の内実についての深い見識が求められることは言うまでもない。そこで PART 3 では，「善とは何か」という問いに答える代表的な理論を学ぶことで，道徳教育を行なうに際しての理論的基礎を固めることを目指したい。

　ところで，ここで述べた問題は，一般に「倫理学」と呼ばれる学問分野において探究されてきた。本章ではまず，2000年以上の伝統を誇る西洋の倫理学を代表する3つの理論（徳倫理学・義務論・功利主義）について簡単な解説を行ないたい。こうした理論を学ぶことで，われわれが普段当たり前のように親しんでいる道徳や善といった言葉が，いかに多義的で，ときには矛盾をはらんだ内実を有するものであるかが明らかとなるはずである。

1　徳倫理学（アリストテレス）

アリストテレス（前384 - 前322）は，『ニコマコス倫理学』という著作（実際には彼の講義録）を以下のような印象的な言葉から始める。

> あらゆる技術，あらゆる研究，同様にあらゆる行為も，選択も，すべてみな何らかの善を目指していると思われる。（『ニコマコス倫理学』，第一巻第一章）

われわれが甘いものを食べたり，友人と会話したり，勉強を頑張るのは，そうしたことが自分にとってよいことであると思っているからである。また，勉強を頑張ることがよいことなのは，大学に受かるという別のよいことのためであり，大学に受かることがよいことなのは，よい会社で働くというさらに別のよいことのためである，といったように，われわれがある善を目指すのは，大抵はそれが別の善の手段となるからである。

しかし，ここで「大抵は」と述べたように，われわれは常にある善を別の善のために選択しているわけではない。むしろ，こうした善の連鎖の最終地点には，何かのための手段ではない，それ自体で善なるものがなくてはおかしいだろう。アリストテレスは，そうした人間にとっての究極目的（善）こそが，「幸福」であると主張する。

それでは，アリストテレスの考える人間の幸福とは何を指すのだろうか。彼は，幸福とは「よく生きる」ことであると述べる（第一巻第四章）。つまり，人間として立派に生きること，見事な人生を生きることが，幸福の核心とみなされるのである。

では，立派な人間とはどのような人間を指すのだろうか。アリストテレスは「馬」の例を用いて，人間の立派さとは何かについて論証を行なっている（第二巻第六章）。われわれは一般に，どのような馬をよい馬と呼ぶだろうか。たとえば，よい馬の特徴として，迅速に乗り手を運ぶこと，持久力があること，敵を前にしても怖気づいて逃げてしまわないことなどが挙げられるだろう。つまり，馬がどれほど馬としての「機能」を発揮できているかによって，馬の善し悪しは決まってくるのである。

このことは人間にも当てはまるとアリストテレスは言う。つまり，人間がどれほど人間に固有の機能を発揮できているかどうかが，人間の善し悪しの尺度となるのである。アリストテレスは人間に固有の機能を発揮させるものを「徳」と呼び，そうした徳を「思考の徳」と「性格の徳」の２つに分類する。おおざっぱに言うならば，「思考の徳」が人間の知性にかかわり，「性格の徳」が情念や行為にかかわる。つまりアリストテレスは，知と行為の両方において卓越した人間こそが幸福な人間であると考えたのである。

　それでは，「性格の徳」がかかわるとされる情念や行為とは，具体的にどのようなものなのだろうか。アリストテレスは「性格の徳」の核心を「中庸」という言葉で表現する（第二巻第七章）。中庸とは，ものごとの中間を意味する昔ながらの言い方である。ここでは恐怖という情念を例に考えてみよう。アリストテレスによれば，恐れがあまりに大きい人間は臆病な人間になる一方，恐れを知らない人間は，向こう見ずで無鉄砲な人間になるとされる。それに対し，適度な恐怖を感じながらも自分を見失わずに行動することのできる人間は，勇気ある人間と呼ばれる。このように，ある情念とのかかわりにおいて中間（中庸）を射抜くような仕方で行為できる人間が，立派な人間とみなされるのである。アリストテレスは勇気の他にもいくつかの「性格の徳」を挙げている。たとえば（とりわけ身体的な）欲望に関しては，それが大きすぎる人間は放埓な人間となり，小さすぎる人間は無感覚な人間となる一方で，適度な欲望を有する人間は節制ある人間になるとされる。

　次に，「思考の徳」についてみていこう。アリストテレスは魂が真理に到達する状態を，技術，学問的知識，思慮，知恵，知性の５つの種類に区別している（第六巻）。なかでも重要なのが，思慮と知恵である。思慮とは，先述の「性格の徳」にかかわり，ふさわしい仕方で行為するための指針を与えるものとみなされる。それに対し知恵とは，「もっとも貴重な諸存在」を対象とした学問的知識であり，宇宙の諸原理について「観想」することを本質としている。ところで，このような知恵を目指す活動は，アリストテレスにとって「哲学」の営みを意味する。つまり，哲学することこそが，人間の機能が最高度に発揮される活動として，もっとも大きな幸福をもたらすものとみなされるのである。アリストテレスは最終的に，こうした観想と呼ばれる「思考の徳」の「性格の徳」に対する優位を主張する。

　ここまで述べたことを要約しておこう。アリストテレスにとって人間が目

指す善の究極的なものとは幸福であった。幸福とは，人間が自らの機能を十全に発揮している状態を意味する。また，そうした状態をもたらす徳は，「性格の徳」と「思考の徳」に分けられ，前者が見事に発揮された状態が「中庸」に，後者がとりわけ見事に発揮される活動が哲学にあるとみなされたのだった。

2　義務論（カント）

　ここまで「善とは何か」という問題に対するアリストテレスの回答を紹介してきた。アリストテレスによれば，善とは人間がその特性を十分に発揮することを意味した。しかし，われわれが善悪について語る際に，いつもアリストテレス的な観点に立っているかというと，どうもそうではないらしい。たとえば，嘘をついてはならない理由を尋ねられたとき，大抵の人は，「嘘をついてはいけないのは，そのことが人間性の完成に寄与するからだ」とは答えず，端的に「嘘をついてはいけないのは，嘘をつくことが悪いことだからだ」と答えるのではないだろうか。ここに，善悪を人間の卓越性とは別のものとして捉えようとする理論が登場する。以下で見てゆく義務論と功利主義は，そうした理論の二大潮流をなすものである。

　まずは義務論について紹介しよう。義務論の大成者はイマヌエル・カント（1724-1804）というドイツの哲学者である。彼は倫理学以外にも，哲学や美学などさまざまな学問分野で大きな業績を残した。カントの倫理学は，その理論がきわめて緻密に構成されているために難解なイメージを持たれがちであるが，ある意味でわれわれの常識にもっとも近い内容を持つものであるとも言える。ここではごく簡単にその内容を紹介したい。

（1）　善い意志と義務

　カントの倫理学には，『人倫の形而上学の基礎づけ』と『実践理性批判』という2つの主要著作がある。ここでは主に，『実践理性批判』の序論的な位置づけにあると言っていい『人倫の形而上学の基礎づけ』の内容を扱いたい。カントは，この著作の冒頭で以下のように述べている。

　　われわれが無制限に善とみとめうるものとしては，この世界の内にも外

にも，ただ善い意志しか考えられない。(『人倫の形而上学の基礎づけ』，第一章)

　カントはここで，われわれが無条件に善とみなしうるのは，人間の意志のみであると宣言する。意志とは，ある行為を実現しようとする精神の働きのことである。ところで，アリストテレスの紹介のところでも述べたように，われわれは意志のほかにもさまざまな善を思い描くことができる。たとえば，頭のよさや勇気，健康や富などはいずれもよいものに思える。しかし，カントに言わせれば，そうしたよいものは，それを用いる意志が邪悪なものである場合には，われわれにとって有害なものに変質してしまうとされる。たとえば，知性の高さはよいものに見えるが，ときに犯罪のために利用されることもあるだろう。また，裕福であるがゆえに，人々に高額の利子でお金を貸す人もいるだろう。それゆえ，知性の高さや富などは，それを用いる人の意志がよい場合にのみ，よいものとなるのである。カントが善い意志のみを「無制限に」善と呼ぶのは，こうした理由による。

　それでは，善い意志とは，具体的にどのようなものなのだろうか。カントは，われわれの「義務」の意識に着目することで，善い意志の内容を明らかにしようとする。ここでひとつ例を挙げて考えてみよう。Aさんが，友人から遊びに誘われたとしよう。しかし，Aさんは受験を控えているため，親はそれを許してくれそうにない。そこでAさんは，図書館へ行くと嘘をついて外出しようかどうか迷ったが，結局遊びに行くことをやめることにした。Aさんは，親に嘘をつくべきではないと感じたからである。

　嘘をつかないことは，人間としての義務にかなった行為と呼べるだろう。このような行為は，一見すると道徳的で立派なものに見える。しかし，もしAさんが嘘をつかなかった理由が，嘘がばれた際に親に怒られるのを避けるためだったとしたら，どうだろうか。Aさんは，怒られるという不愉快な目にあいたくなかったから嘘をつかなかったことになる。カントは，たとえ外見上は義務にかなった行為に見えたとしても，それがなんらかの意図や打算によってなされた場合，そうした行為は道徳的な価値を持たないと主張する。

　このように，ある人がなんらかの意図や打算に基づいて義務にかなった行ないをするとき，そうした行ないの目的は，快楽を得ること（あるいは苦痛を避けること）にあると言える。カントはこうした快楽を総称して「幸福」

と呼ぶ。したがって，カントの倫理学では，自らの幸福を動機とした行為は道徳的な価値を持ちえないことになる。この点は，幸福（＝人間性の完成）を究極目的とみなし，それを目指すことこそが道徳的であると主張したアリストテレスや，幸福（＝快楽）の最大化を目指す功利主義の考え方（本章91ページ以下を参照）と決定的に異なる点である（ただし，カントは幸福そのものの価値を否定したわけではなく，あくまで道徳的に生きることと幸福を目指して生きることは別のことであると主張しただけである点には，注意が必要である）。

　しかし，このようなカントの主張に対して以下のような疑問が浮かんでも不思議ではない。もし外見上は義務にかなう行為であっても，なんらかの意図や打算，感情など別の動機からなされた場合には道徳的価値を持たないとすれば，そもそも道徳的価値のある行為などありうるのだろうか。カントは，そうした行為は少なくとも思考可能であると言う。それが，先ほど述べた「善い意志」によってなされる行為である。善い意志が働くのは，義務が義務であるというただそれだけの理由から行為がなされる場合である。先ほどの例で言えば，嘘をついてはいけないことが義務であるというただそれだけの理由からAさんが嘘をつかなかった場合，その行為ははじめて道徳的価値を獲得するのである。

　しかし，そんなことが本当に可能なのだろうか。カントは，義務に基づく行為は「法則」への「尊敬」によって可能になると主張する。法則って？と大半の人は疑問に思うことだろう。カントによれば，われわれが義務を感じる際，実はわれわれは自分がこれからしようと思うことが正しいか否かを，ある心の法則に当てはめて判断しているとされる。その法則とは，簡単に言うと，「自らの行動指針が普遍化可能な場合にのみ，その行動指針に従って行為せよ」という法則である。普遍化可能とは，すべてのひとが自分と同じ行動指針をもって生きることができるということを意味している。

　したがって，嘘をつかないことが正しいことと感じられるのは，それが誰もが共有しうる普遍化可能な行動原理だからであると言うことができる。それに対し，嘘をつくという行動原理は，自分だけが採用するからこそ意味があるのであって，もし周りの人もみな嘘をつき始めたならば，嘘をつくことそのものが成り立たなくなってしまう。このように，嘘をつくことが普遍化できない行動原理である以上，それは正しくないのである。

カントによれば，われわれの心のうちには，自らの行動指針を普遍化可能なものにせよと命じる道徳法則（「定言命法」と呼ばれる）がもともと備わっているとされる。そして，われわれの心に刻まれたこの法則は，われわれの心にそれに対する尊敬の念を呼び起こすとされる。先述のように，こうした法則への尊敬の念こそが，われわれを，いかなる意図や打算もなしに，義務に基づく行為へと導くものなのである。そして，こうした内なる道徳法則への尊敬の念に基づいて自身の行動原理を選び取る意志こそが，善い意志と呼ばれる。

(2) 意志の自律

　ここまで述べてきたように，カントは，われわれの心のうちには法則が存在し，この法則がわれわれの行動指針に大きな影響を与えていることを主張した。しかし，ここで問題となるのは，なぜわれわれはそうした「命令」を心のなかで聞くのか，ということである。
　ここでは詳しい説明は省かざるをえないが，カントは，人間を2つの世界の住人とみなす。それら2つの世界は一般に，「現象界」と「叡智界」と呼ばれる。カントはさらに，この2つの世界には異なる法則が支配していると考える。それが自然法則と道徳法則である。自然法則の支配する世界とは，おおざっぱに言えば欲求の連鎖の世界である。人間は現象界に住む限り，欲求に囚われ，自分自身の快楽（＝幸福）を求めてやまない。それに対し，叡智界に住む者は，道徳法則に完全に合致した生き方をしているとされる。そのため，自然法則と道徳法則という2つの法則の板挟み状態にある人間の心のうちでは，一方で道徳法則を意識しながらも，他方で自分の快楽を追求したくて仕方ないという葛藤が生じることになる。読者の皆さんは，何か自分にとって都合のよいことをするときに，心のなかで「そんなことをしてはだめだ！」と命じる良心の呼び声を聞いたことはないだろうか。カントによれば，われわれが良心の呼び声を聞くことができるのは，人間が2つの世界にまたがって生きる存在だからなのである。道徳法則が命令や義務として意識されるのは，こうした事情による。
　カントは，人間の欲求は外的な要因に依存すると考える。たとえば，人はときに，流行に取り残されないために，欲しくもない服や本を買ったりする。また，友人が結婚すると，それまで感じたこともなかった焦りを感じたりも

する。このように，人間は欲求に従っている限り，自分ではないものに支配された状態にある。

　それに対し，欲求にとらわれず，道徳法則に従うことは，人間が欲求への隷属から「自由」になることを意味する。カントは，普遍化可能な行動指針を自ら考え，それに従うことを，人間の意志の「自律」とみなす。つまり，カントの考える善い意志とは，自分を支配しコントロールできる意志のことなのである。何が正しい行為なのかを自分の頭で考え，判断できることこそが，カントの考える道徳的に生きることの核心なのである。

　ここまでの要約をしておこう。カントにとって無条件に善と呼べるものは，道徳法則に基づいて行為しようとする意志のみであった。意志が，いかなる底意や下心もなしに，純粋に道徳法則を尊敬するがゆえに行為するとき，その行為は道徳的価値を獲得する。また，こうした道徳法則に従うことは，人間を支配する欲求の世界からの自由を意味し，何が正しいのかを自分の頭で考え，実践できる自律した人間となることを意味した。もしここでそうした人間を「大人」と呼ぶことが許されるとするならば，カントの倫理学は，成熟した人間となるための条件を教えてくれるものであるとも言えるだろう。

3　功利主義（ベンサム，ミル）

　最後に，功利主義について簡単に紹介しておこう。功利主義の代表的な主張者は，イギリスのジェレミー・ベンサム（1748-1832）とその弟子筋にあたるジョン・スチュアート・ミル（1806-1873）である。カントの倫理学の複雑さに比べると，功利主義の主張は非常にシンプルで分かりやすい。

　「功利主義 utilitarianism」という言葉に含まれる「功利性 utility」とは，ある対象のもつ，快楽を生み出し苦痛を防止する性質とされる。ベンサムは，善を快楽や幸福などと同じものとして論じる。つまり，功利主義における善とは，快楽（幸福）を意味するのである。ベンサムは，こうした功利性の概念に基づき，以下のような「功利性の原理」を打ち立てる。

> 功利性の原理とは，利害関係のある人の幸福を増大させるように見えるか，それとも減少させるように見えるかの傾向にしたがって，すべての行動を是認または否認する原理である。（『道徳および立法の諸原理序説』，

第一章)

　功利性の原理によれば，行為の正しさは，それがどれほど幸福を増大させるかによって決まるとされる。つまり，ある行為が与えてくれる快楽が大きければ大きいほど，その行為は正しいものとみなされるのである。したがって，行為において重要なのは，あくまでそれがもたらす「結果」であり，行為が持つ「動機」はなんであってもかまわないというのが功利主義の特徴である。この点は，カントのように行為の道徳的価値は動機（＝善い意志）によって決まるとする立場と真っ向から対立する。

　だが，快楽が増せば増すほどその行為は正しいなどと言われると，なんと利己的で非道徳的な考え方なのだと思う人がいるかもしれない。しかし，この点には大きな誤解がある。なぜなら，功利主義が主張するのは，自分一人の利益を追求するような利己主義ではなく，社会全体の利益の最大化だからである。先ほどの引用に「利害関係のある人の」とあったように，功利主義においては個人の幸福ではなく，社会全体の幸福を最大化する行為が正しいとみなされるのである。これが，功利性の原理が「最大多数の最大幸福」の原理と言い換えられる理由である。それゆえ，たとえば殺人などは，たとえ殺人犯の快楽を増大させるものであったとしても，社会全体の受ける害悪の総量の方が圧倒的に大きいと判断されるがゆえに，不正な行為とみなされる。

　ベンサムの提唱した功利主義の考え方は，その後ミルによって改良が加えられることとなった。第一に，ベンサムの功利主義にはなかった快楽の質に関する考察が挙げられる。ミルは，快楽には質の高低があり，そのことは両方の快楽を経験したことのある人であれば，誰にでもわかることであると主張する。たとえば，読書などの知的活動がもたらす快楽は，身体的な快楽より質の高い快楽とみなされる。ミルは，「満足した豚であるより，不満足な人間であるほうがよく，満足した馬鹿であるより，不満足なソクラテスであるほうがよい。」という大変有名な言葉を残している（『功利主義論』，第二章）。

　また，功利主義の考え方には，全体の幸福を重視するあまり少数者が犠牲となるおそれがあるという批判がつきものである。この問題は，民主主義社会における多数者の専制の問題につながる。ミルは，そうした状態を阻止するために，一般に「他者危害原則」と呼ばれる規則を提唱した（『自由論』，第一章）。それによると，判断能力のある大人であれば，彼が周りから見て

どんな愚かなことをしていようとも，他人に危害を加えない限りにおいて，その自由を侵害されてはならない，とされる。このような原則が守られるならば，たとえ社会のなかで少数派の意見の持ち主だったとしても，それだけの理由で弾圧されることはなくなる。ミルは，この原則の存在によって，功利主義のうちに潜む多数者の専制への危険性に対し，個人の自由の保障の観点から一定の歯止めがかけられると考えたのである。

さらにミルは，このような原則を採用する社会のほうが，少数者に対する多数者の圧制を容認する社会よりも，長い目で見ればより大きな幸福を実現できると考えた。つまり，他者危害原則は，功利性の原理からも支持されうるものなのである（ちなみに，このように原則や規則の持つ功利性を重視する立場を「規則功利主義」と呼び，行為の持つ功利性を重視する「行為功利主義」としばしば対比して論じられる）。

要約しよう。ベンサムの功利主義は，善とは社会全体の幸福であると主張し，そのための行為を正しいものとみなした。それに対し，ミルは快楽の質の問題や「他者危害原則」などを導入することで，功利主義の洗練化を図ったと言える。

4　まとめ

ここまで，徳倫理学，義務論，功利主義の基本的な考え方を紹介してきた。本章の冒頭でも述べたように，「善とは何か」という問いにはさまざまな答えの可能性がある。ここであらためておさらいしておくと，アリストテレスにおいては人間性の完成が，カントにおいては義務に基づき行為する意志が，功利主義においては社会全体の幸福が，善という概念の核心にあるものとみなされたのだった。われわれは普段，気づかないうちにこうしたさまざまな善の捉え方を実践している。たとえば，「あいつはすごくできるやつだ」と言うときにはアリストテレス的な善の理解が，「いじめをなくすべきだ」と言うときにはカント的な善の理解が，「誰もが安心して暮らせる社会を目指そう」と言うときには功利主義的な善の理解が，その根底にあると考えられる。われわれにとってまず重要なのは，これらさまざまな善の捉え方が異なる文脈から出てきていることを理解し，それらを適切に比較できるようになることである。こうした比較が可能となるならば，よいと思われるものごと

が対立した場合に，何が問題の焦点であるのかも見極めやすくなることだろう。これらの理論は，現代においてもなお互いに活発な議論を交わし合いながら，「善とは何か」という問いへのよりよき答えを模索し続けている。次章では，そうした倫理学の現代における展開についてみていくことにしよう。

■参考文献

アリストテレス，朴一功訳『ニコマコス倫理学』京都大学学術出版会，2009年

カント，野田又夫訳『プロレゴーメナ・人倫の形而上学の基礎づけ』中公クラシックス，2005年

カント，宇都宮芳明訳・注解『実践理性批判』以文社，2007年

ベンサム，山下重一訳「道徳および立法の諸原理序説」関嘉彦責任編集『世界の名著38　ベンサム，J・S・ミル』中央公論社，1967年

ミル，早坂忠訳「自由論」関嘉彦責任編集『世界の名著38　ベンサム，J・S・ミル』中央公論社，1967年

ミル，伊原吉之助訳「功利主義論」関嘉彦責任編集『世界の名著38　ベンサム，J・S・ミル』中央公論社，1967年

■入門書として

石川文康，『カント入門』ちくま新書，1995年

加藤尚武，『現代倫理学入門』講談社学術文庫，1997年

児玉聡，『功利主義入門』ちくま新書，2012年

柘植尚則，『プレップ倫理学』弘文堂，2010年

御子柴善之，『自分で考える勇気　カント哲学入門』岩波ジュニア新書，2015年

山口義久，『アリストテレス入門』ちくま新書，2001年

09 普遍的な倫理構想を求めて

ニーチェ以降の倫理学

谷山弘太

1　神は死んだ
――倫理的相対主義の台頭――

　19世紀末ドイツの哲学者 F. ニーチェの思想は，倫理学に大きな問題を提起した。有名な「神の死」である。それはさしあたり，キリスト教の神信仰の喪失を意味する。コペルニクスの地動説に代表されるように，キリスト教の教えに反する科学的事実が次々に明らかとなり，その結果キリスト教の神はもはや信じるに値しなくなったのだ，と。だが問題はそれだけに尽きない。何より重要なのは，キリスト教の神が，唯一絶対的な神として，これまで道徳的な善・悪を決定する根拠であった，という点である。したがって，そのような神に対する信仰を失うことは，道徳的な善・悪を絶対的に決定し得るという確信を失うことを意味する。より一般的に言って，神の死が意味するのは，いつでも，どこでも，誰にでも妥当する普遍的な倫理の存在がもはや信じられなくなったという事態なのだ。如何なる倫理も，時代，地域，それに属す人間に相対的な妥当性しか持たないのではないか？　それら諸々の倫理を包括し得る普遍的な倫理など存在しないのではないか？　神の死の結果，そうした懸念が人々を不可避的に支配するようになった，とニーチェは主張しているのである。

　普遍的な倫理を否定し倫理に相対的な妥当性しか認めない立場を一般に「倫理的相対主義」と言う。「倫理的相対主義を如何に克服するか？」　この

課題にニーチェ以降多くの哲学者が取り組んできた。本章では，そうした哲学者のうち，政治哲学からJ．ロールズを，認知心理学および道徳教育学からL．コールバーグを取り上げ，その思想を簡単に紹介することで現代倫理学が直面している問題を概観したいと思う。しかしその前に，そもそも倫理的相対主義の何が問題なのかを少し詳しく見ておく必要がある。というのも，神の死を説いたニーチェ本人は倫理的相対主義の台頭をむしろ歓迎していたからである。

　21世紀を生きるわれわれにとって倫理的相対主義は強いリアリティーを持っている。歴史上各時代にはさまざまな道徳的価値観が存在したこと，また同時代の人々でも，国，地域，環境の違いによって異なる道徳的価値観を持っていることは広く知れ渡っている。そればかりか，そうした価値観の相違に寛容であることは現代では望ましいとされる。いわば「みんな違って，みんないい」は現代の常識であろう。こうした立場は，特定の価値観を絶対視する状況では生じにくい。近世ヨーロッパの宗教戦争のことを考えてみるといいだろう。それは自身の価値観を絶対と信じる者たち同士の戦争であった。倫理の相対性が広く認知されるようになった現代でも，価値観の相違に由来する戦争や差別は残念ながら後を絶たない。ニーチェが倫理的相対主義を歓迎するのはそのためである。道徳的価値観の強要は紛うことなき暴力である。倫理的相対主義はこの事実を教えてくれる。

　しかしながら，倫理的相対主義には解決困難なある問題がつきまとう。それは，異なる道徳的価値観が対立するときその対立を調停することができない，という問題である。異なる価値観を包括する普遍的な倫理を認めない以上，倫理的相対主義にできるのはせいぜいそれぞれの価値観を尊重することだけである。極端な例を出せば，倫理的相対主義はナチスによるユダヤ人迫害すらもひとつの価値観として尊重しかねない。しかし「みんな違って，みんないい」とはもはや到底言えないであろう。したがって，倫理的相対主義の克服というニーチェ以降の倫理学の課題は，道徳的価値観の相違を尊重しつつ，如何にしてそれらの対立を調停し得る普遍的な倫理を構築するか，と言い換えることができる。そして，これに取り組んだのがまさにロールズ，コールバーグなのである。それでは，ロールズの思想から見ていくことにしよう。

2 ロールズの『正義論』

(1) 「公正としての正義」──功利主義批判──

　20世紀後半アメリカ合衆国の政治哲学者ロールズの大著『正義論』は大きな反響を生んだ。そこで提唱される「公正としての正義」は倫理的相対主義を克服する有力な理論であると目される一方、さまざまな立場から批判が寄せられた。しかし、ロールズ自身はその思想を倫理的相対主義との直接対決としてではなく、より限定された文脈において提起している。すなわち、功利主義との対決である。

　功利主義とは、「最大多数の最大幸福」(J. ベンサム) という「効用原理」に基づき、社会の満足の総和を最大にする社会システムこそ正しいと考える思想である。できるだけ多くの人ができるだけ幸せになることこそ正しい、功利主義はそう考える。しかしロールズによれば、ここには看過できない落とし穴がある。それは、功利主義が正しさを満足の総和という結果によってしか判断しないという点である。功利主義によれば、たとえば、一部の人間を優遇する独裁政治も、あるいは反対に、大多数の人間のために一部の人間に犠牲を強いる社会システムも、その他の場合を超える満足の総和を結果として生み出すならば、そのシステムは正しいことになってしまう。しかし、そのようにして不平等を是認する"正しさ"を、われわれは本当に〈正しい〉と言うことができるだろうか？　それはわれわれの通常の正義観に反するのではなかろうか？　この素朴とも言える直観に基づいて、ロールズは功利主義に代わる新たな正義構想の構築を目指す。それが公正としての正義なのである。

　しかし、ロールズの構想がまさに「公正」としての正義であって、「平等」としての正義ではないという点に注意が必要である。ロールズによれば、完全な平等の実現は不可能でありまた望ましくもない。というのも、平等主義の徹底は一方で人々が自分の生き方を自由に決める権利を過度に制限するからである。そうした自由の権利は平等に認められなければならない（ロールズの立場は自由を最大限尊重する「リベラリズム」である）。しかし平等がそれ以上に追求されるならば、かえって人々の自由を脅かしかねないだろう。したがって、上で見た功利主義の欠陥は、それが不平等一般を助長する

ことではなく，むしろ本来是認すべきでない不平等まで許容してしまうことにある。換言すれば，人々の平等な自由の権利を確保しつつ，事実として存在する不平等を如何にして万人が許容し得る（この意味で）「公正」なものに制限するか，それがロールズの課題なのである。

(2) 「正義の二原理」と「無知のヴェール」

その答えとなるのが，以下の「正義の二原理」である。

> 第一原理　各人は，平等な諸自由の最も広範な制度枠組みに対する対等な権利を保持すべきである。ただし最も広範な枠組みといっても他の人々の諸自由の同様な制度枠組みと両立可能なものでなければならない。
> 第二原理　社会的・経済的不平等は，次の二条件を充たすように編成されなければならない——（a）そうした不平等が各人の利益になると無理なく予期しうること，かつ（b）全員に開かれている地位や職務に付帯すること。（『正義論』第11節）

より簡明に言い直せば次のようになる。自由の権利は平等に，しかしそれが他者の自由の権利を侵害しない限りにおいて，認められなければならない（第一原理）。そして，あくまで公正な機会均等を前提とした上で（第二原理後半），それでも生じ得る不平等・格差は万人が許容し得るもの，つまりもっとも不遇な立場にある人にも利益となるものでなければならない（第二原理前半＝「格差原理」）。さて，反功利主義に関して言えば，まずロールズは満足の総和を根拠に一部の人々の自由を侵害することを認めない。さらに，生まれ持った性質の差による機会の不均等を認めない。最後に，それでも生じる不平等をもっとも不遇な立場にある人々の利益になるように制限する。以上の３点により，正義の二原理を根幹とする公正としての正義は功利主義よりも優れた正義構想であるとロールズは考える。

しかしこれらの原理が実際に公正であるとどうして断言できるのだろうか？　これを立証するために，ロールズは「原初状態」および「無知のヴェール」という概念装置を用いた思考実験を導入する。一見して明らかなように，原初状態は一般に「社会契約論」に見られる「自然状態」に対応する。原初状態とは，社会システムを支える諸原理を当事者たちが合意によっ

て決定する架空の出発点である。しかし原初状態に特徴的なのは、当事者に無知のヴェールが、つまり持ち得る知識に一定の制限が課される点である。ロールズによれば、無知のヴェールをかけられた当事者は、自分が生まれ持つ地位や才能、自分の「善の構想」（自分が実際に選好する生き方）について具体的には何も知らない。無知のヴェールは原理の選択後には無論解除され、その結果当事者は特定の地位・能力と特定の善の構想を持ってその社会で生きることになる。しかし原理の選択場面ではそれら一切の情報は遮断される。そのため、当事者たちは特定の観点からではなく一般的な観点から、誰もが許容し得る原理を選択せざるを得ないのである。無知のヴェールが合意の公正さを保証してくれるのだ。一方で、当事者たちは、自らの善の構想の具体的内容は知らないにしても、自分たちが特定の善の構想を合理的に追及することは知っている。また、当事者たちは自分たちが相互に利害関心を持たないともされる。では、そのような状態において選択される原理とはいかなるものであろうか？

　善の構想を合理的に追及する当事者たちは、その点での自由の権利を第一に要求する。しかし、特定の善の構想が他のそれを侵害することは避けたいので、自由の権利には、「他者の自由の権利を侵害しない限りにおいて」という制限が課される。こうして第一原理に合意がなされることになる。次に、特定の出自や生まれ持った能力が優遇されることを避けるために、公正な機会均等、すなわち第二原理後半が選択される。最後に、善の構想を追求する自由を最大限に要求する当事者たちは、既述のように過度の平等を求めず、また相互に利害関心を持たないがために妬みから不平等を拒絶することもない。したがって、自身がもっとも不遇な立場に置かれるかもしれないことを考え、不平等をそうした立場にある者にとっても利益になる程度に制限しようとする。つまり、第二原理前半を選択するのである。

(3)　「善に対する正の優先」——リベラル・コミュニタリアン論争——
　以上が『正義論』の概要である。はじめに述べたように、ロールズ自身はその目標をあくまで功利主義との対決に定めていたが、『正義論』はそれよりもはるかに広範な関心から読者を引き付けた。その関心こそ倫理的相対主義との対決である。とはいえ、ロールズの『正義論』が普遍主義的であることは、反功利主義という点にすでに表われている。既述のように、功利主義

は何が正しいかを社会の満足の総和によって決定する。その場合，満足の総和という「善」が「正」の概念を規定することになる。それに対してロールズの場合には，公正としての正義が「善」のあり方を規制する点で，「正」が「善」に優越する。「善に対する正の優先」。このモチーフが倫理的相対主義に対するアンチテーゼとなる。

　その基礎にあるのが先に見た無知のヴェールである。無知のヴェールは原初状態の当事者たちから特定の善の構想に立つ視点を排除する。このとき排除される善の構想に人々に相対的な道徳的価値観をも含めてみよう。するとロールズは，道徳的価値観の相対性によらず人々が等しく尊重すべき普遍的な価値が存在すると主張していることになる。その価値こそ，第一原理に表現される，自らの善の構想を決定する自由の権利にほかならない。各自がそれぞれの道徳的価値観を自由に形成する権利は尊重されなければならない。しかしその自由が他者の自由と対立する場合にはこれを制限しなければならない。こう表現すれば，ロールズの思想は「倫理的相対主義を如何に克服するか？」という先の課題に対するひとつの可能な解答であると考えられるであろう。

　『正義論』の読者たちはたしかにこの点に倫理的相対主義を克服する一定の可能性を見出した。しかし同時に，辛辣な批判をロールズに向けることになる。最後に，そのなかでももっとも有名であり，また「リベラル・コミュニタリアン論争」の火付け役となったM. サンデルの『リベラリズムと正義の限界』を見てみよう。

　公正としての正義は，無知のヴェールによってあらゆる価値観から自由になった選択主体が原理を選択するという発想に基づいている。サンデルは，このロールズ的な選択主体を「負荷なき自己」と名付けた上で，そのような自己は存在し得ないし，選択主体として考えることすらできない，と言う。というのも，選択とは何といっても特定の価値観からしか為され得ないからである。サンデルによれば，選択主体は，まず特定の共同体に属し，その特定の価値観を身につけることではじめて選択主体となる（サンデルが「コミュニタリアン」である所以）。サンデルにとって選択主体とは常に「位置づけられた自己」なのである。したがって，あらゆる価値観を剥ぎ取られた原初状態の当事者は本来何も選択し得ないはずである。逆に言えば，それでも何かを選択し得るとすれば，それは彼らが暗々裏に特定の価値観に基づい

ているということを意味する。つまり，彼らは自由を最大限に尊重するリベラリズム的価値観をはじめから前提にしている，とサンデルは批判するのだ。したがって，もしサンデルの批判が妥当性を持つとしたら，公正としての正義は，ロールズの期待に反して，決して公正なものではないということになる。公正としての正義もまた特定の善の構想にすぎない。そのようにして一部の人間の価値観を誤って普遍化することはそれに馴染まない他の人々を抑圧する危険性をはらむ，とサンデルは指摘する。われわれは同様の指摘を後にコールバーグに対するギリガンの批判のうちにも見ることになるだろう。

3 コールバーグの発達段階論

(1) 道徳性の発達段階論──ハインツのジレンマ──

ロールズについては以上にして，コールバーグの思想へと移ろう。コールバーグは，ロールズの同時期に同じくアメリカで活躍した認知心理学・教育学者であるが，ロールズとは違ってはっきりと普遍的な倫理構想を打ち出した。その要となるのが，「道徳性の発達段階論」である。コールバーグは，人々の道徳性は文化の相対性とは関係なく普遍的な一定の発達段階を経る，と言う。そのことは「モラル・ジレンマ」と呼ばれる架空の道徳的葛藤場面を用いた心理学の実験によって突き止められる。

> 【ハインツのジレンマ】（ただし筆者が要点を整理したもの）
> ハインツの妻が特殊な病気のために死にかけている。妻の病気を治すにはある薬が必要であるが，薬屋はそれに法外な値段をつけた。ハインツは金策を尽くしたが，結局その半分のお金しか工面できなかった。そこで彼は薬屋に妻が死にかけていることを話し，もっと安くできないか，あるいは代金を後払いにできないかと相談を持ちかけた。しかし薬屋は，「駄目だよ，私はその薬で金儲けがしたいのだから」と言った。ハインツは思いつめ，妻の命を救うために薬屋に盗みに入った。
> ハインツはそうすべきであったか？　またその理由は？

ここでは，「盗むべからず」と「人の命を救うべし」という2つの道徳的規範が，あるいは財産と生命という2つの価値が互いに対立しているわけだが，被験者の道徳性の段階はこうした複数のジレンマへの回答を基に測定さ

れる。その際重要なのは，どちらの規範・価値を優先するかという判断の内容ではなく，むしろ判断の形式，すなわちその根拠である。同じく生命の権利を優先するにも，その根拠はさまざまであり得る。その違いから被験者の道徳性は以下の3つのレベルと6つの段階に分類される。①きわめて個人的な対人関係にしか注目しない「前慣習的レベル」（第1・第2段階），②世間や社会といった集団を重視する「慣習的レベル」（第3・第4段階），③特定の世間や社会を離れて普遍的な視野に立つ「後慣習的レベル」（第5・第6段階）。たとえば，「ハインツは薬を盗むべきだ，なぜなら妻が死んだら料理を作ってもらえなくなるから」という判断は，妻との個人的な関係にのみ注目しており，したがって前慣習的レベル（正確には第2段階）となる。また「妻を死なせたら世間に顔向けできない」という判断は，「世間」という集団に定位し，それゆえ慣習的レベル（第3段階）と判断される。一方「人の命は他の何より重要だから妻を助けるべきだ」という判断は，生命の普遍的な価値に基づき，後慣習的レベル（第6段階）に分類される。さて，コールバーグは，こうした実験を複数の被験者に通時的かつ文化横断的に行なうことで，人々の道徳性は，文化の相対性によらず，第1から第6段階まで一定の過程を経て発達することを明らかにした。すなわち，普遍的な道徳性の発達段階が存在する，と主張するのである。

(2) 「である」から「であるべき」へ

コールバーグ以前の道徳教育は，倫理的相対主義の影響から，人々に彼らが属する文化の道徳を身につけさせるという消極的な目的しか見出せなかった。それに対してコールバーグは，道徳教育は人々の道徳性を第6段階まで発達させることを目標とすべきだと主張する。諸文化に普遍的な発達段階の存在が実証された以上，道徳教育は文化の相対性を超えた普遍的な目標を掲げることができるのだ，と。しかしこれは，倫理学において頻繁に取沙汰される「自然主義的誤謬」を犯しているように思われる。一般にそれは，事実（「である」）から当為（「であるべき」）を引き出す誤謬推理のことを言う。たとえば，「人は残酷な生き物だ」ということが仮に事実だとしても，そこから「人は残酷であってもよい（であるべき）」ということにはならないだろう。同様に，普遍的な発達段階の実在という心理学的知見から，発達を促すべきだという倫理学的主張は直接導出されない。そこでコールバーグは自

身の主張を「自然主義的誤謬」から擁護するために1本の論文——その名も「「である」から「であるべき」へ」——をしたためた。

　コールバーグによれば、発達段階の促進が普遍的な目標であるのは普遍的な発達段階の存在という事実に基づくわけではない。そうではなくて、発達の最高段階である第6段階の判断の形式が、まさに倫理学の定める道徳性の規準に合致するからなのである。事実、判断の形式は段階を追うごとに洗練されていく。「ハインツのジレンマ」を例に取れば、妻の命は、第2段階では妻がもたらす利益によって、また第3段階では妻がその集団に占める価値によって弁護される。しかし逆に言えばこれは、もし妻が利益をもたらさないならば、あるいは集団的価値を持たないならば、妻の命を救わなくてもよい、という判断でもある。生命の価値を他の価値に基づけるこれらの判断は他律的であり、また生命の価値は他の価値次第ということになるので相対的でもある。これに対して第6段階では、妻の命は生命そのものの価値に基づいて弁護される。極端な言い方をすれば、第6段階の人々は、ハインツが妻を愛しているか否か、またそれが彼の妻であるか否かにすらかかわらず、妻の命を救うべきだと判断する。なぜなら、「人の命は他の何より重要だから」である。したがって、第6段階の判断は自律的である。またこれは、いつ如何なる場合にも生命の価値を尊重する普遍的な判断でもある。そして、コールバーグによれば、この「自律性」(「規範性」)と「普遍性」こそカント以来の倫理学が道徳性の徴表としてきた当のものなのである。

　したがって、発達段階の促進という道徳教育の目標は倫理学的な見地からその妥当性を認められる。しかし、倫理学が如何に自律性と普遍性の重要性を訴えようと、その理想が実現不可能なのだとしたら、それは机上の空論にすぎないことになろう。それに対してコールバーグの実証的研究はその理想が現実に実現可能であることを証明したのである。かくして倫理学と心理学は互いに手を取り合う形で、道徳教育の普遍的な目標を規定するのである。

(3)　もうひとつの発達段階——ギリガンからの批判——

　コールバーグの思想は「倫理的相対主義を如何に克服するか？」という本章の問いに直接答えるものではない。というのも、コールバーグは倫理的相対主義そのものを否定するからである。コールバーグにとって、文化間による倫理の相対性は発達段階の相違にすぎず、その相違も最終的に第6段階へ

と収斂(しゅうれん)させることが可能であるからだ。したがって問題は，人々の道徳性を如何に第6段階まで引き上げるかというその一点だけとなる。そしてこの課題を担うのが道徳教育なのである。

　しかしC. ギリガンはコールバーグ理論を根底から覆しかねない深刻な批判を提起した。ギリガンによれば，コールバーグの発達段階論は「男性」の発達過程のみを表わしており，それとは異質な「女性」の発達段階は無視されている。ギリガンはその主著『もうひとつの声』において，「ハインツのジレンマ」に対する「男性」とは根本的に異なった「女性」の反応を記している。典型的な「女性」の被験者は，ハインツは薬を盗むのでも盗まないのでもなく，薬屋に対してもっと説得を試みるべきだと言う。「男性」とは違って，彼女はそこに規範や価値の葛藤ではなく，コミュニケーションの欠如を見ているのだ。ギリガンによれば，「女性」が何より重視するのは「人間関係のネットワーク」であって，複雑に絡み合う具体的な人間関係の網の目のなかで如何に他者に「思いやり」を示すかが重要となる。人間関係や思いやりに定位する「女性」の倫理観をギリガンは「ケアの倫理」と名づける。その倫理観は，現実の人間関係を捨象し普遍性を志向する「男性」の倫理観とはたしかに異なるが，高度な倫理性を備えていると言える。しかしコールバーグの発達段階論はそれを適切に評価できない。ここには，特定の（「男性」の）道徳的価値観を誤って普遍化することによってそれに馴染まない（「女性」の）道徳的価値観を抑圧してしまうという先の問題が見られる。事実，常に具体的な人間関係を考慮する「女性」の判断は，コールバーグの発達段階論からすると，集団に定位する慣習的レベルにとどまると評価され，それゆえ発達が遅れているとされてしまうのだ。

4　倫理的相対主義再び？

　以上われわれは，ロールズとコールバーグそれぞれの普遍的倫理構想について見てきた。果たして，それらの思想によって倫理的相対主義は克服されたのだろうか？　残念ながらそうではないようである。ロールズに対するサンデルの批判，そしてとりわけコールバーグに対するギリガンの批判は，普遍的な倫理構想に往々にして伴うひとつの危険性を示唆している。それは，特定の道徳的価値観をそうとは知らずに普遍化してしまうことで他の道徳的

価値観を抑圧してしまう，という危険性である．それでは倫理的相対主義を真に乗り越えたことにはならないだろう．倫理的相対主義の克服という課題はなかなか容易ではないようである．しかし少なくともロールズ，コールバーグの思想を通じて言えることは，倫理的普遍主義の主張はそれが何らかの仕方でそれにそぐわない道徳的価値観を犠牲にしてはいないか常にチェックされる必要がある，ということである．

■参考文献
・ロールズ関連

Muhhull, S. and Swift, A.（1996），*Liberals and Communitarians*, second edition, Blackwell.（＝谷澤正嗣・飯島昇藏訳者代表『リベラル・コミュニタリアン論争』勁草書房，2007年）

Rawls, J.（1999），*A Theory of Justice*, revised edition, Belknap Press of Harvard University Press, Cambridge, MA.（＝川本隆史・福間聡・神島裕子訳『正義論〔改訂版〕』紀伊国屋書店，2010年）

Sandel, M. J.（1998），*Liberalism and the Limits of Justice*, second edition, Cambridge University Press, Cambridge.（＝菊池理夫訳『リベラリズムと正義の限界〔原著第二版〕』勁草書房，2009年）

・コールバーグ関連

Gilligan, C. 1982, *In a different voice*, Harvard university press, Cambridge.（＝キャロル・ギリガン『もうひとつの声』岩男寿美子監訳，川島書店，1986年）

Kohlberg, L. 1981, "From *Is* to *Ought*", in: *The Philosophy of Moral Development*, Happer & Row, San Francisco.（＝ローレンス・コールバーグ「「である」から「べきである」へ」永野重文編『道徳性の発達と教育』所収，新曜社，1985年）

佐野安仁・吉田謙二編『コールバーグ理論の基底』世界思想社，1993年

10 日本の道徳思想

岩瀬真寿美

1 はじめに

　日本の道徳思想には，神道，儒教，道教，仏教，カトリック，プロテスタントなど，諸宗教が影響を与えている。この重層的であり独特な思想形態は日本人の思想的柔軟性を形作ってきた。それはシンクレティズム（syncretism）とも表現される。これは，混淆宗教，多層宗教，習合宗教を意味する言葉である。時代を経ながら重層的な文化を持つに至ったことは，日本人の道徳性に大きく影響を与えた。しかし一方で，近代の日本の知識人たちは西洋思想を重視し，日本の伝統思想を無視してきたということも指摘されるところである。本章では特に，古代から江戸時代に至るまで，日本人に影響を与えた道徳思想を概観する。これは，現代にも連綿と受け継がれる日本的な徳を再評価することでもある。多文化共生社会において，普遍的な道徳性を持つことも大切である一方で，どのような道徳性が日本的な道徳性であるのかを知ることも不可欠となっている。古代日本におけるカミへの信仰，中世日本における神仏習合的道徳思想，近世日本における儒教的道徳思想，近世日本における神道と仏教の4段階に分けて論じていきたい。

2 古代日本におけるカミへの信仰

　古代日本にはカミを感じる心情があった。山，川，草，木，鳥，獣，虫，

魚といったさまざまなものにカミの表われを見ることについて,「八百万の神々」という言葉によって知られている。その背後には,自然と対立するのではなく,豊かな自然と融和する感情がある。多神教の基礎には,一切の存在に生命や神性を認めるアニミズム（animism）がある。古代日本において,カミに対して偽りのない心は「清き明き心」,すなわち「清明心」として重んじられた。これは「まこと」の心であり,「まこと」の原義は,言が事であり,事が言であるという「真こと」であり,言葉と行為とが一致していることであることが指摘されている。道徳科の内容項目において,正直・誠実というキーワードで言い表わされる徳は,古代から日本にあった徳と言える。また,本来,日本の国土には自生しない稲を南方から取り入れ,梅雨を利用して水田を作り,栽培して生活する稲作文化を続けるためにも,集団の和を尊び,勤勉で合理的な生活態度が形成されたという。

　古代の人々は秩序・規範に対する違背行為がもたらす罪＝穢れと,人間の生理的な自然が避けがたく生じさせる死や出産にまつわる死＝穢れといった「穢れ」概念を持っていた。そこで罪を清める儀式である祓い,穢れを水によって清める禊ぎが行なわれた。祓いや禊ぎによって心身が清浄になるという信仰によって,穢れは常にまとわりついているものというよりも,取り除くことができるものと捉えられていたようである。当時,カミは目に見えないながらも感じられる存在であった。それは聖域という場にうかがい得るという意味での存在であった。「日本の多神教は,その初発の段階においては,肉体性と個性を欠落させた,不可視の膜に覆われる多神教であったといっていい」という指摘がある。これは,ギリシア宗教やヒンドゥー教における多神教と比較しての内容である。すなわち,日本のカミは絵画や彫刻にも表わされるものではなかったのである。カミは目に見える存在としては捉えられていなかった。

　カミは同時に「魂」を意味しており,神霊や祖霊としてのカミは無限に分割されて空間を飛翔し,人々の祈願や意向に応じて特定の事物や場所に鎮座したと言われる。そして,6世紀頃になり仏教が入ってくると,それまでの「死霊→神」の図式が「死霊→仏」と書き換えられることになったという。亡くなった人をホトケさまになったと言うのは,その意味においてであろう。いずれにしても,死は生のなかで忘れ去られることなく,死と生は密接に結びついていたのが近代以前の日本であった。霊魂にあたる古語は「たま」と

言い，人格が発する力の源泉の根底にそれがあると考えられていることが指摘されている。「たま」は「たましひ」の働きの奥にあり，「たましひ」は特有の気を周囲に放散しているというイメージが古代の日本人が考えた人間の心の構造であったという。道徳科の内容項目とのかかわりで言えば，生命の尊さ，自然愛護，感動・畏敬の念は，この，古代日本におけるカミと人間とのかかわりのなかに見て取ることができる。美しいものや気高いものに感動する心というのは，古代日本人がさまざまなもののなかにカミを見たことにつながっているのである。

3　中世日本における神仏習合的道徳思想

(1)　仏教の導入と「因果応報」思想

6世紀頃になると，仏教は朝鮮を経由して日本に伝わってきた。これは，外国勢力の強制によってではなく，自発的な導入であった。仏教とは紀元前5世紀に誕生した釈迦が創始した宗教であり，インドのみならず，東南アジア，西域，中国，朝鮮，日本，チベットなどに伝道され，世界宗教として広まった宗教である。仏教は，この世を苦しみの多い世界と見て，そこからの解脱を志向するための修行法を説く。仏教には善因楽果，悪因苦果という言葉があり，この「因果応報」思想の認識は民衆に浸透していった。六道輪廻（地獄・餓鬼・畜生・修羅・人間・天上）の思想もこの認識に関するものである。道徳科の内容項目の筆頭に挙げられている善悪の判断・自律・自由と責任の項目は，「因果応報」思想の認識と関連が深い。よいと思うことを進んで行なうということの背後に，「因果応報」思想がある場合もあるからである。

また，特に日本に伝わった大乗仏教においては，「菩薩」の概念が注目される。これは，一人の悟りではなく全体の救いを説くところに特徴がある。菩薩とは，あらゆる衆生の福利のためにどこまでも献身しようと心に決めた者たちのことを言う。聖徳太子（574-622）は『三経義疏』や法隆寺建立として名高いが，『勝鬘経』や『法華経』の講説を行なったことについては，疑う説が強いとされているものの，これらの経典は大乗経典である。聖徳太子の『憲法十七条』では，和の精神が重要視されている。「一に曰わく，和ぐを以て貴しとし，忤うこと無きを宗とせよ」は協調性を，「六に曰わく，

（中略）人の善をかくすことなく，悪を見ては必ず匡(ただ)せ」は勧善懲悪を，「九に曰わく，信はこれ義の本なり。事ごとに信有るべし」は信義を，「十に曰わく，忿(こころのいかり)を絶ち瞋(おもえりのいかり)を棄てて，人の違うことを怒らざれ」は寛容を，「十四に曰わく，群臣百寮，嫉み妬むこと有ることなかれ」は嫉妬抑制を述べたものであり，これらはすなわち一般的な道徳教戒であるという。和の精神や協調性は，道徳科の内容項目における相互理解・寛容にあたる。親切・思いやり・感謝も，この徳と関連が深い。『憲法十七条』は道徳のなかでも人とのかかわりに関することに力が入っていることがわかる。

　仏教は推古期の聖徳太子の時代を経由し，奈良時代になると，聖武天皇（724-749）が全国に国分寺・国分尼寺をつくった。この時代には仏教は鎮護国家を目的とする国家仏教となった。これを「都の仏教」，すなわち，「国家の財政的援助にもとづいて，中国の高度文明を受けいれる社会的文化的機能を果した」仏教と捉えるならば，一方で「山の仏教」，すなわち，「多くの修行者たちが，日本各地の山々に入りこんで，仏教の修行法を実践し始めた」ということも流れとして出てくる。しかし，全体的には，この時代の仏教は，知識階級にとどまるものであった。この時代には女性の僧である尼が，僧とともに仏教受容において重要な役割を果たしていたことも知られている。仏教における男性と女性の平等な活躍が実践されていた時代があったのである。しかし，8世紀末から9世紀以降になると，女性天皇時代の終焉をひとつの原因としながら，尼の公的な役割は低下していったという。

(2) 最澄と空海の仏教における平等性

　都が桓武天皇によって奈良から京都に移され平安時代に入ると，最澄（767-822）が天台宗を，空海（774-835）が真言宗を広めた。最澄は比叡山延暦(ひえいざんえんりゃく)寺(じ)を創建し，『法華経』に依って，すべてが仏になることができるという「一切衆生悉有仏性(いっさいしゅじょうしつうぶっしょう)」を主張した。この主張は一乗思想とも呼ばれ，平等性に着目する思想である。「人間はその本質に於て尊厳であり，平等であり，永遠の可能性を蔵する」という点に人間の価値を認識する思想である。この認識は合理的，科学的次元におけるものではなく，それを超えた次元における価値の把握であり承認であると指摘されている。この認識は人間を対象とするだけでなく，自然界をも対象とする。人間も自然も大生命のなかの存在という意味で異なることがないと捉える一乗思想は，道徳科の内容項目にお

10　日本の道徳思想　　109

ける，公正・公平の念だけでなく，生命の尊さや自然愛護の項目も裏づけるものと言えよう。一方の空海は高野山金剛峰寺(こんごうぶじ)を創建し，密教を主導し，すべてのものは大日如来の表われであると見た点で，最澄とは違う意味ではあるが平等性の哲学を持っている。空海は仏教の諸宗派や仏教以外の儒教なども包括的に寛容的に捉えて，「十住心」という心の十段階を示した。

　この平安時代には本地垂迹説(ほんちすいじゃく)，すなわち仏が本地（真理の本体）で，神は垂迹（本体が形となって表われたもの）という考え方が広まった。本・迹はもともと，中国の『荘子』に由来するもので，根本的な本質と，それが現象世界に現われたものとを意味するという(15)。これが仏教の天台宗における本・迹の概念に影響を与えたという。「仏教の伝来は，目に見える仏・菩薩と目に見えざる神々との遭遇という事態をひきおこした」という(16)。なるほど，カミが目に見えず感じられるものであったのに対して，仏教は仏や菩薩など多種多様なイメージを持っている。そのなかでも，とりわけ密教はヒンドゥー教的多神論の性格が強いことから，神道と仏教を結びつけるのに大きな役割を果たしたことが指摘されている(17)。日本では「神仏」という言葉があるように，歴史的にカミとホトケを同質のものと見る傾向がある。このように，仏教と神道をひとつに融合させた心理的条件は霊的世界についての体験と信仰であったという(18)。たとえば，怨霊の鎮魂などである。インドからさまざまな国を経て日本に伝わってきた仏教は祖先崇拝はなかったが，中世の日本仏教において，はじめて祖先の供養が仏教の要素となったという。7世紀後半から平安時代までの間に，独自の神話と祭祀体系が形成され，『日本書紀』に「神道」の語が見えるのは確かであるものの，この時期には神道に関する体系化された教義はまだ形成されなかったという(19)。教義的な体系が形成されたのは鎌倉・室町期で，この時期に教義をも含む宗教体系を自ら「神道」と呼ぶようになったということである。さらに，仏教が入り始めた頃に神社建築も始まったことが知られており，仏教伝来によって，日本古代の神道の輪郭が明らかになってきたと言われている。

　平安時代中期から後期には，源信（942-1017）が『往生要集』を著わし，西方極楽浄土への往生を願う貴族に支持された。源信は鎌倉期の新仏教の母胎をつくった人物である。平安時代末期には，戦乱や天災のなか，人々は無常を感じ，末法の時代と見る見方が流行した。道徳科の内容項目には，真理の探究というキーワードがあるが，この真理のひとつに，世界を無常と見る

見方があると言えるだろう。世界は常に変化している。このことは，自分一人に目を向けても同様である。自らは生まれてから絶えず死への道のりを歩んでいる。そこには一時の停滞もない。

(3) 鎌倉新仏教における民衆のための信仰

　鎌倉時代には蒙古襲来をきっかけとして，神道高揚の精神を示す反本地垂迹説（神が本地で仏が垂迹）が生まれた。これもひとつの神仏習合の捉え方である。鎌倉期になると，法然，親鸞，道元，日蓮などが活躍し，法然（1133-1212）は浄土宗をひらき，専修念仏の道を，親鸞（1173-1262）は浄土真宗の祖となり絶対他力の信仰をひらいた。親鸞によって悪人正機説が唱えられた。道元（1200-1253）は曹洞宗をひらき，只管打坐の修行を提唱した。道元は坐禅を悟りを得るための手段ではなく，それ自体を目的と捉えた。修行と悟りが不離一体であることを「修悟一等」と呼ぶ。日蓮（1222-1282）は日蓮宗の祖となり「南無妙法蓮華経」と唱える唱題を提唱した。平安時代の浄土教が貴族や僧を対象にしたものであったのに対して，鎌倉新仏教は民衆のための信仰を提唱した点に特徴がある。そこには，道徳科の内容項目における公正・公平の念があったと考えられる。すなわち，貴族や僧だけが恩恵にあずかるのではなく，すべての人々が安心できる世界をつくりたいという考えが数々の新仏教を興したと捉えることができる。その意味で，鎌倉新仏教の宗祖たちは菩薩の働きを各々が体現していたと言えるだろう。洪水，飢饉，疫病，戦乱などが相次ぎ，不安定な時代であったため，民衆の中にも末法思想が広がっていた時期であった。

　宗教は単に宗教の枠にとどまることなく，芸術や心情にまで影響を与える。栄西（1141-1215）は茶の普及に貢献したし，「わび茶」の茶道を千利休（1522-1591）が大成した。日本の伝統文化と言われる茶道，華道，能などは特に室町時代につくられた。世界的仏教哲学者の鈴木大拙（1870-1966）は禅仏教と日本文化のかかわりについて，具体的に禅と美術，禅と武士，禅と剣道，禅と茶道，禅と俳句等を挙げ，いずれにも禅の直覚的な理解の方法によって達せられるものを見て取っている[20]。また，日本の伝統文化には，「形」や「型」を重んじる特性があることはさまざまなところで指摘されていることである。このような特徴のほか，この時代に入ってきた中国の唐音や宋音は，現在でも「饅頭（まんじゅう）」，「蒲団（ふとん）」，「暖簾（のれん）」，「行

脚（あんぎゃ）」という読み方で残っていることも知られている[21]。

　平安時代には衰退していた尼寺は，鎌倉時代以降になると復興をされたり，新しく尼寺を創建する動きが出てきたという[22]。インドや中国では仏教は後代にはほとんど滅んでしまったが，日本においては日本的色彩を帯びたこの時代の仏教が現代にまで受け継がれているという点は特徴的なことである。「近代以前の日本の伝統文化の底層は，ムラの宗教としての神道とイエの宗教としての仏教という二本の柱によって支えられてきた」と指摘されており[23]，近世より前の日本人の道徳性は神道と仏教によって大きく基礎づけられていたことがわかる。

4　近世日本における儒教的道徳思想

　さて，近世になると，仏教に代わり，儒教が主流となった。仏教的な神道から儒家神道への移り変わりである。これまでの日本の文化的伝統に大きな変化がもたらされた。すなわち，それまで「聖」が「俗」の上にあったのが，宗教迫害，比叡山焼討，キリシタン迫害などの展開に伴い，「俗」が「聖」の上に立つことになったのであり，このことは「世俗化」（secularization）と呼べ，合理主義的思考の誕生となるという[24]。そこで必然的に儒教が主流となった。

　儒教とは中国の孔子（前551 – 前479）の思想を継承する学派を言う。「春秋時代の末に出現した孔子の教えの眼目は，周封建体制を権力による支配関係としてではなく，道徳による教化関係として捉え，道徳の実践を通じて理想的な人格を打出し，さらにその理想的人格性を国家全体に及ぼそうとするものであった」という[25]。その思想的性格は，合理主義的，現世主義的，人間主義的傾向を持っていた。「天」は，「理想的な道（道徳）を実践する者にたいして，自ずから援助を与えるような存在であり，宇宙の根源的実在であるとともに倫理道徳の源泉」であった[26]。「孔子・孟子が天と人間性との間に宗教的関係を認め，内側からの道徳的社会の実現を説いたのにたいして，荀子は天と人間性との間に一線を画し，外側からの他律的規範としての礼による理想社会の実現を説いた[27]」。カミ，仏，天はいずれも似て非なるものであり，しかしながら日本人は神仏というようにカミと仏を同一視する場合もあれば，カミと天を同一視することもある。

徳川家康は儒学に注目した。林羅山（1583-1657）は朱子学を学び，礼と敬を重視した。父母や祖父母の敬愛については，道徳科の項目のなかにも家族愛・家族生活の充実として含まれており，礼や敬につながる内容である。宋学の集大成者としての朱子（1130-1200）は，宇宙生成の根本原理を「理」と呼んで，人間の感覚では把握しえない事物の背後にある実在と捉えた。また，人間や自然には陰陽五行の「気」が働くが，それらは本来的性質を内包するとし，それを「性」と呼び，「性即理」の哲学を説いた。中江藤樹（1608-1648）は，朱子学から出発し陽明学も取り入れ，武士だけでなく万人に共通する道徳の原理を「孝」に求めた。陽明学とは，明代の王陽明（1472-1528）によるものであり，朱子学とは異なり，人間の自然の心情を積極的に評価し，それに従って行動することにより，本性＝理を実現できると説くものである。孝とは，「祖先崇拝を営むこと」，「家庭において子が親を愛し敬う（＝敬愛）こと」，「子孫一族が存続すること」の３つであるとされるが，これらは「それぞれ過去・現在・未来を貫く生命の連続性志向の社会的表現」と指摘されている。[28]現在生きている両親や祖父母だけでなく，亡くなった先祖も含めて大事にするという観念が孝であることがわかる。中江藤樹について，内村鑑三は日本人の持つ長所を外の世界に知らせる一助となるよう記した『代表的日本人』のなかで「村の先生」として取り上げている。藤樹は十一才にして孔子の『大学』によって，将来の全生涯を決める大志を立て，謙譲に徹することを理想とした。[29]内村鑑三は藤樹の次の言葉を紹介する。[30]

　　学者は，まず，慢心を捨て，謙徳を求めないならば，どんなに学問才能があろうとも，いまだ俗衆の腐肉を脱した地位にあるとはいえない。慢心は損を招き，謙譲は天の法である。謙譲は虚である。心が虚であるなら，善悪の判断は自然に生じる。

また，虚という言葉の意味についての説明において，「昔から真理を求める者は，この語につまづく。精神的であることは虚であり，虚であることが精神的である。このことをよくわきまえなければならない」。さらに，徳の高さに達するための方法として，「徳を持つことを望むなら，毎日善をしなければならない。一善をすると一悪が去る。日々善をなせば，日々悪は去る。昼が長くなれば夜が短くなるように，善をつとめるならばすべての悪は消え

去る」という言葉を紹介している。

さらに，利己心から免れていない人々について，「獄の外に獄があり，世界を入れるほど広い。その四方の壁は，名誉，利益，高慢，欲望への執着である。悲しいことには，実に多くの人々が，そのなかにつながれ，いつまでも歎いている」という藤樹の戒めを紹介している。内村鑑三は次のように述べる。「現代の私どもは，「感化」を他に及ぼそうとして，太鼓を叩き，ラッパを鳴らし，新聞広告を用いるなど大騒ぎをしますが，真の感化とはなんであるか，この人物に学ぶがよろしい」というのである。すなわち，藤樹が大切にした謙譲の徳に内村鑑三は惹かれていた。現代の道徳科の内容項目における正直・誠実は，カミに対して偽りのない心である清明心のみならず，この謙譲の徳にもつながる内容である。

伊藤仁斎（1627－1705）は『論語』や『孟子』の古義を究明する古義学を提唱し，呪術的宗教を否定した。荻生徂徠（1666－1728）は，中国古代の聖人が著わした古典や古文辞を当時の言葉の意味を通じて理解しようとする古文辞学を唱え，鬼神の存在は聖人の説いたことであるから否定できないが，聖人は民衆の「人情」に従って道を立てたのであり，支配階級と民衆との間には価値観のずれがあると捉えたという。

石田梅岩（1685－1744）は心学（石門心学）を開き，儒教，仏教，老荘思想，神道を取り入れて道徳の実践を説いた。これは庶民を教化の対象とした倫理教化の体系である。また，二宮尊徳（1787－1856）は農村の復興に取り組んだことで知られている。内村鑑三は『代表的日本人』中に，二宮尊徳を農民聖者として取り上げる。そのなかで，「「自然」は，その法にしたがう者には豊かに報いる」という理が尊徳の考えにあったと述べる。尊徳が持つ倹約や勤勉性の徳は，道徳科の内容項目における勤労・公共の精神にあたる。

5　近世日本における神道と仏教

近世において儒教が主流となったといっても，神道や仏教が途絶えたわけではなかった。江戸時代中期になると，国学が興った。本居宣長（1730－1801）は『古事記』を中心に研究し，『古事記伝』において，カミについて，「凡て迦微とは，古御典等に見えたる天地の諸の神たちを始めて，其を祀れる社に坐す御霊をも申し，又人はさらにも云ず，鳥獣木草のたぐひ海山な

ど，其余何にまれ，尋常(よのつね)ならずすぐれたる徳のありて，可畏(かしこ)き物を迦微とは云なり」と記している。このように，カミにはさまざまあり，いずれもすぐれた徳を持っていると神道を評価した。

　江戸時代には，庶民にも仏教や儒教は受け入れられやすい形で展開していった。葬式仏教が確立したのは江戸時代の寺檀制度のもとにおいてである。したがって，江戸時代を単純に仏教の力がなくなった時代と捉えることはできないし，鈴木正三（1579 - 1655）は主著『万民徳用』を著わし，各々が自らの場で仕事に励むことこそが仏道修行であると伝えている。『万民徳用』のなかの武士日用においては，「正直という徳用の樹立こそ武士の務め」であることを，農人日用については，「農業に精励することがすなわち仏道修行である」ことを，職人日用については，「如何なる職業も一仏の徳用であれば，神聖ならざるはない」ことを，商人日用については，「営利の追求ということがいやしい，けがれた業ではな」いことを説明しているという[35]。正三は，「身分社会を認めながらも，それぞれの職分の持つ宗教的意義を発見しようとした」という[36]。当時，身分社会は民衆の力では変えることができるものではなかったが，それぞれの環境において日々生活しながら救いを求めることができるというこの考えは，民衆にとって希望を持つことができる有難いものであっただろう。正三においては「修行者自身の心身の上に勇猛精進をあらわすことが「帰依」ということになる」といい，正三は「勇猛精進の聖」と位置づけられている[37]。なお，勇猛とは「意志的努力，堅固意志」を，精進とは「精魂込めてひたすら励むこと」を意味する[38]。正三の思想は，尊徳と同様，道徳科の内容項目である勤労・公共の精神につながる。

6　おわりに

　明治時代になると，封建的な社会秩序の崩壊とともに，儒教は，個人の自由や権利を束縛する思想として批判されるようになる。しかし，儒教は本来，人間のあり方の普遍的な原理を説くものである。合理主義的思考のパターンは明治期においてもそのまま受け継がれた。一方で，明治維新後は神仏分離令，廃仏毀釈(はいぶつきしゃく)運動と，仏教が無力化していった。明治政府は神道を国教化し，国家神道が天皇制国家主義の支柱となった。

　本章で概観した古代から江戸時代に至るまでの日本人は，次に挙げる道徳

性を重層的に大切にしてきた。正直・誠実の徳，自然愛護や畏敬の念は神道に基づいて，相互理解・寛容は聖徳太子の『憲法十七条』に，自律・責任，真理の探究は仏教に，公正・公平の徳は鎌倉新仏教に，勤労の徳は二宮尊徳や鈴木正三の考え方に基づいて，というようにである。本章で論じた日本人の徳は一部でしかない。しかしながら，現代の日本人の生活や文化，さらには言葉のなかから，道徳性を見出すことは多くできる。たとえば，鈴木大拙は，「おかげさま」と「勿体ない」について論じている。「おかげさま」ほど意味深長なものはないと述べ，「おかげさま」の思想の根元には宗教的なものがあると指摘する。それは，太陽の光をも超えているものであり，勿体なさがそこにあり，有難さがしみじみと味わわれるという[39]。これはひとつの例であるが，このような日本的な道徳性を次世代につなげていくことは普遍的な道徳性を身につけると同時に重要なことと言えるだろう。

(1) 合田秀行「日本人の人間観」大正大学綜合仏教研究所「仏教的人間学」研究会編『仏教の人間観』北樹出版，2007年，43頁。
(2) 杉原誠四郎『日本の神道・仏教と政教分離――そして宗教教育』文化書房博文社，1992年，20，22頁。
(3) 赤坂憲雄「穢れの精神史」『岩波講座　東洋思想』第16巻，1989年，87頁。
(4) 山折哲雄「カミ――その変容と展開」『岩波講座　東洋思想』第15巻，1989年，9頁。
(5) 同上，10頁。なお，山折は「カミ」ではなく「神」と表記しているが，本章の中で統一するために，ここでは「カミ」と表記する。
(6) 佐々木宏幹『神と仏と日本人――宗教人類学の構想』吉川弘文館，2010年，4頁。
(7) 湯浅泰雄「かたち――日本思想の深層」『岩波講座　東洋思想』第16巻，1989年，15頁。
(8) 同上，16頁。
(9) 大平聡『日本史リブレット人004　聖徳太子――倭国の「大国」化をになった皇子』山川出版社，2014年，80頁。
(10) 曾根正人『聖徳太子と飛鳥仏教』吉川弘文館，2007年，147頁。
(11) 湯浅，前掲論文，39頁。
(12) 勝浦令子『日本史リブレット16　古代・中世の女性と仏教』山川出版社，2003年，26頁。
(13) 井上義巳『日本教育思想史の研究』勁草書房，1978年，109頁。

(14) 同上，110頁。
(15) 末木文美士『鎌倉仏教展開論』トランスビュー，2008年，68頁。
(16) 山折，前掲論文，9－10頁。
(17) 湯浅，前掲論文，25－26頁。
(18) 同上，31頁。
(19) 末木文美士『日本史リブレット32 中世の神と仏』山川出版社，2003年，12頁。
(20) 鈴木大拙『鈴木大拙全集』第十一巻，岩波書店，1970年。
(21) 袴谷憲昭『日本仏教文化史』大蔵出版，2005年，181頁。傍点は袴谷による。
(22) 勝浦，前掲書，62頁。
(23) 湯浅，前掲論文，32頁。
(24) 同上，20頁。
(25) 佐々木，前掲書，71頁。
(26) 同上，72頁。
(27) 同上。
(28) 同上，79頁。
(29) 内村鑑三著，鈴木範久訳『代表的日本人』岩波書店，1995年，116－117頁。
(30) 同上，135頁。
(31) 同上，136頁。
(32) 同上，139頁。
(33) 湯浅，前掲論文，21頁。
(34) 内村，前掲書，83頁。内村はこの箇所を傍点を付して強調している。
(35) 井上，前掲書，185－192頁。
(36) 同上，198頁。
(37) 加藤みち子『勇猛精進の聖――鈴木正三の仏教思想』勉誠出版，2010年，8頁。
(38) 同上，25頁。
(39) 鈴木大拙『鈴木大拙全集』第十九巻，岩波書店，1969年，240－246頁。

11 道徳教育の歴史

田中潤一

1 はじめに

　明治以降の日本の教育の歴史を論じることは，現在のわれわれにとって大きな意義を有する。1853（嘉永6）年アメリカ合衆国東インド艦隊司令長官ペリー来航と，それに続く欧米諸国との諸条約（日米和親条約，日米修好通商条約等）は，日本社会を大きく変動させた。明治以降日本社会は急速な近代化を遂げたが，その最大のきっかけは欧米諸国との邂逅にあると言ってよいであろう。もちろん江戸時代，すでに日本国内において近代化の萌芽が見られ，西洋との出会いは日本社会自身が近代化する一契機にすぎなかった，という歴史観もあり，その議論は正当性を有していると思われる[1]。しかし西洋との出会いは江戸時代の日本政府や日本人にとって，単なる近代化以上の意味を持っていたと思われる。すなわち，当時鎖国下にあった日本人にとって，西洋文明，とりわけその科学技術は大きな脅威を感じさせるものであったと推察される。当時の日本の産業力・工業力は遠く欧米に追いつかず，軍事面においてもまったく相手にならないほどの差であった。

　歴史上わが国が外国との交流や貿易を行なったことは数多くあったが，この幕末における諸外国との邂逅は，日本に危機感を抱かせるものであった。すでにアジア・アフリカ諸国のほとんどが植民地化されており，インドは1858年から事実上英国の植民地状態となり，また清も1840年アヘン戦争に敗れ英国やその他諸外国によって半植民地化した。場合によれば日本も欧米の

植民地となる危険性も存した。1867（慶応3）年明治維新を経て，日本は本格的に近代化に入るが，明治政府を率いた政治家・官僚たちは，日本を西洋列強に劣らない強国をつくることを目指していたと思われる。

さて筆者が本論文で問題にする明治期の教育の課題も，ここに存すると思われる。政府は急速な産業化・工業化を目指し，そのために西洋近代の科学技術を駆使できる人材の育成を図った。そのためカリキュラム編成においては，初等教育では読み書き算術などの基礎学力の向上を図るとともに，中等教育以降では実学的科目を多く設定していた。さらに高等教育においては，文系では法学部のような国家官僚養成機関，理系では工学部のようなエンジニア養成機関が重視されていた。このように当初，政府および文部省は，「実学」的な教育政策を展開していた。しかしそれに対して1881（明治14）年以降，元田永孚や佐々木高行を中心とする儒学者たちが反対運動を展開する。すなわち教育目的を実学に限定することは，子どもの人間形成にとって適切ではなく，むしろ「道徳性育成」をこそ重視すべきである，と。これ以降，伊藤博文を中心とする開明派官僚と，元田を中心とする宮中の儒学者とが教育方針をめぐって対立することとなる。

2　開明派官僚の実学重視教育政策

(1) 明治政府とその教育方針

さて明治政府の教育政策は1872（明治5）年の「学事奨励に関する被仰出書」と学制に始まると言ってよいであろう。この前年1871（明治4）年文部省が設置され，具体的な教育政策の策定に取りかかった。まず江戸時代まで藩校や寺子屋で行なわれていた教育方法やカリキュラムを廃し，近代的な教育方法・学校制度の構築が急がれた。江戸時代以前の教育は，テキストおよび教育目的を主に儒学に置いていた。そこでの教育方法は主に個別教授であり，教科書は藩校では『論語』や『孟子』等の四書五経や，寺子屋では『商売往来』『実語教』『童子教』等の往来物が使用されていた。しかしこれらの学習を通して習得されるのは，武士としてのあり方や商売等で必要な知識・技能にすぎなかった。近代国家を形成する人材を育成する教育内容ではなかった。急速な工業化・産業化を達成するには，旧来の教育では不十分であった。

さて政府は近代国家構築に際して，どのような人間像を理想としたのであろうか。その手がかりを1870（明治元）年の「五箇条の御誓文」に見たい。周知のように五箇条の御誓文は，天皇が群臣とともに神前にて誓ったという体裁をとっている。さて五箇条の御誓文の内容は，下記の通りである。

　　一、廣ク會議ヲ興シ萬機公論ニ決スヘシ
　　一、上下心ヲ一ニシテ盛ニ經論ヲ行フヘシ
　　一、官武一途庶民ニ至ル迄各其志ヲ遂ケ人身ヲシテ倦マサラシメン事ヲ要ス
　　一、舊来ノ陋習ヲ破リ天地ノ公道ニ基クヘシ
　　一、智識ヲ世界ニ求メ大ニ皇基ヲ振興起スヘシ

　さて筆者はこの内容から政府が目標とする人間像・陶冶目標を読み取りたい。ひとつ目は江戸時代の世襲社会からの決別，および「自己実現の達成」である。これまでの慣習にとらわれず，人間各人が自分の望む人生を十全に送ることが促されている。もはや世襲で職業に就くのではなく，自分の希望の職に就くことが奨励されている。ここからある種の能力主義的な教育観を導き出すことも可能と考える。2つ目は，「民主的な態度の涵養」を挙げたい。すべての事柄を会議で決めることや，多くの人々が積極的に議論することが求められている。3つ目は「広く知識を獲得すること」の重要性である。旧来の知識のみならず，西洋の学問を含む幅広い知識を獲得することによって，わが国が世界で活躍することができる。

(2)「学事奨励に関する被仰出書」と学制
　さて文部省が本格的に教育制度構築を実施したのは，1872（明治5）年からである。文部卿大木喬任のもとで教育改革が始まった。学制発布の前日，太政官より布告が出された。これは一般に「学事奨励に関する被仰出書」と呼ばれるものであるが，ここでは国民に向けて教育を受けることへの呼びかけが行なわれている。
　この布告では，政府が掲げる新しい人間観，そして教育観を読み取ることができる。筆者は2点ポイントを読み取りたい。1点目は，国民に広く勉学をすることを求めていることである。ある種の能力主義的教育観を読み取る

ことも可能である。江戸時代は世襲制社会であり、一般の人々が高度な教養を身につける機会がなかった。しかし明治では人々が自分の能力に応じて職を選択してゆかねばならない。「学問は身を立るの財本ともいふべきもの」という文言が、この事態をもっとも表わしていると思われる。子どもに勉学を学ばせるのは、将来のためのいわば先行投資である。勉強の目的は、将来のキャリア獲得のためにあると考えられている。またこれまでは支配層であった武士だけではなく、一般の人々も積極的に学問を学ぶことが促されているのみならず、一人の国民も「不学」の人がいないようにするという意気込みが述べられている（「人々自ら其身を立て其産を治め其業を昌にして以て其生を遂るゆゑんのものは他なし身を修め智を開き才芸を長するによるなり而て其身を修め智を開き才芸を長するは学にあらざれば能はず是れ学校の設あるゆゑんにして」。「自今は以後一般の人民必す邑に不学の戸なく家に不学の人なからしめん事を期す」）。

　２点目の特徴は、教育内容である。江戸時代までの教育内容は四書五経の暗記などに終始していたが、これを改め近代的な教育内容を教授しようとしている。「詞章記誦の末に趨り空理虚談の途に陥り」と実用性のない学問を批判し、今後は実生活に役立つ学問や社会の発展に役立つ学問を子どもたちに教えようとしている。

　この翌日８月３日「学制」が公布された。学制は日本ではじめての中央集権的教育制度であり、フランスを模範として作られた。全国を８大学区に分け、各々大学を１校ずつつくり、各大学区を32中学区に分け、各１校ずつ中学をつくる。そして１中学区を210の小学区に分け、各１校ずつ小学をつくる、という大規模な計画であった。この計画自体は、機械的で日本の実態に合っていなかったため、予定通りにはいかなかった。しかしここで着目したいのが「道徳教育」の観点である。現在の道徳教育に相当する「修身」（小学）、「修身学」（中学）の位置づけは、決して高いものではなかった。下等小学においては全14科目のうち、修身は６番目の教科であり、下等中学では全16教科のうち、修身学は14番目、上等中学では全15教科のうち修身学は11番目という位置づけであった。教育方法に関しては、「小学教則」において次のように述べられている。「修身口授（ぎょうぎのさとし）　一週二字即二日置キニ一字　民家童蒙解・童蒙教草等ヲ以テ教師口ヅカラ縷々之ヲ説諭ス」。また配当学年と時数については、八級（６歳）で３時間、七級（６歳

半）で2時間，六級（7歳）で2時間，五級（7歳半）で1時間となっている。また翌明治6年の「小学教則改正」では八級（6歳）で1時間，七級（6歳半）で1時間，六級（7歳）で2時間，五級（7歳半）で1時間とさらに時間数が減っている。

　筆者はここからまず道徳教育がきわめて軽視されていたことを読み取るだけでなく，教育方法に関しても「口ヅカラ」「説諭」というスタイルがとられていることに着目したい。道徳教育の方法が，口頭での講話に終始しており，知識はあまり教授されていない。他方，「習字」や「洋法算術」はほぼ毎学年6時間（一部4時間）と，多くの時間が配当されている。とりわけ算術では下等八級（6歳）で九九や暗算を，上等八級（10歳）で比例算など，現在とレベルがほぼ同じ教育課程が組まれていたことがわかる。この時期の教育はきわめて実学重視・学力重視であったと言えよう。

(3)　田中不二麻呂と教育令

　さてこのように学制がスタートしたが，次第に問題点が明るみになった。もっとも大きな問題点は財政的基盤がなかったことである。明治初期は政府の歳入も不安定で，学校運営の経費負担を地方が担っていた。しかし地方も決して財政的に豊かなわけではなかった。また本山は政府内部でも，学制に対する批判が生じていたとする。本山によると欧米を視察した木戸孝允が，欧米と日本とを比較し日本の教育の皮相さを批判し，木戸の盟友であった田中不二麻呂が改革を行なったと分析している。さてこのような状況を受けて，1879（明治12）年文部省は，文部大輔田中不二麻呂を中心として新法「教育令」を公布する。

　この法令で着目される点が2点ある。ひとつは就学期間，もうひとつが道徳教育（修身）の位置づけである。修学期間が第14条で最低16か月とされている。下等小学の4年間で16か月の在籍期間でよいということは，1年間4か月通学すればよいことになる。おそらく農民の子弟が，農閑期に通うことが念頭にあると思われる。また第17条では必ずしも学校へ通う必要がない，とまで規定されている。2つ目が，地方分権的な教育制度である。公立学校設置・廃止の権限を地方に委ねている。学制では学区制がとられ，設置義務が課せられたが，ゆるやかな設置義務に変更している。多くの論者が，この点を教育令の特徴として評価している。

そして第3点目が，修身の位置づけである。第3条の教科群のなかでは最低の位置づけである。第3条では以下のように述べられている。「小学校ハ普通ノ教育ヲ児童ニ授クル所ニシテ其学科ヲ読書習字算術地理歴史修身等ノ初歩トシ土地ノ情況ニ随ヒテ絵画唱歌体操等ヲ加ヘ又物理生理博物等ノ大意ヲ加フ殊ニ女子ノ為ニハ裁縫等ノ科ヲ設クヘシ……」。この姿勢自体は学制の路線を踏まえたものであると考えられる。しかしながら，この点が後に批判にさらされることとなる。

3　道徳教育重視へ

(1)　教学聖旨のインパクト

　さて明治初期はこのように開明派官僚を中心として，実学的な教育政策が行なわれていた。しかしこのような流れに対して批判が起こることとなる。批判を起こしたのは，宮内省の官僚たちであった。とりわけ元田永孚を中心とする儒学者グループが批判の声を上げた。批判の趣旨としては，「現在の教育政策は知識中心であり，道徳教育が行なわれていない。このような教育が続けられると，自己中心的な子どもが増えることになる」という危惧であった。1878（明治11）年明治天皇の東北・北陸・東海地方の行幸が行なわれ，天皇による各地の実情視察が行なわれた。そのとき教育の視察も行なわれ，違和感を覚えた天皇の所感を元田が代筆する形で1879（明治12）年「教学聖旨」が出された。

　教学聖旨は「教学大旨」と「小学条目二件」に分けられ，前者で教育目的が，後者で教育方法が述べられている。教学大旨では以下のように述べられる。[16]

> 教学ノ要，仁義忠孝ヲ明カニシテ，智識才芸ヲ究メ，以テ人道ヲ尽スハ，我祖訓国典ノ大旨，上下一般ノ教トスル所ナリ，然ルニ　近専ラ智識才芸ノミヲ尚トヒ，文明開化ノ末ニ馳セ，品行ヲ破リ，風俗ヲ傷フ者少ナカラス……

　教育の目的は，第一に仁義忠孝，つまり道徳性の育成にあり，第二に知識才芸，つまり知識・技術教育であるとされている。しかし教学大旨では当時

の教育が知識教育一辺倒であると批判している。さらに教学大旨では「道徳才芸，本末全備」とも述べられている。道徳が「本」であり，才芸（知識・技術）は「末」であり，本来教育において道徳教育がプライオリティを有するべきである。しかし元田の言う道徳教育とは，どのような教育であろうか。教学大旨では次のように述べられる。「道徳ノ学ハ孔子ヲ主トシテ」。つまり儒教的な徳目（親孝行や忠義など）が道徳教育の内容と考えられた。その方針に基づいて教学大旨では道徳的な指針を定めるように求めている

それに対して，内務卿伊藤博文および井上 毅は反論する文書「教育議」を上奏する。[17]「教育議」において伊藤は，開明派政策の正当性を改めて主張している。教育議では，当時の社会混乱の原因は政治変革のためであるとし，教育に原因を求める元田の考えを否定している。また国家的な道徳の方針を定めることは，本来政治家が行なうべきことではないと戒めている。

(2) 改正教育令による軌道修正

さて1880（明治13）年教育令が改正された。これは教育令によって小学校増加率が低下し，就学率も低下したことに対し，文部省が事実上の軌道修正を図ったことを意味している。文部大輔田中不二麻呂は辞職し，代わって河野敏鎌が文部卿に着任した。中央集権的教育制度が復活し，修学年限も3年に引き上げられた。[18]またこの改正教育令において着目されるのが，第3条の改訂である。「小学校ハ普通ノ教育ヲ児童ニ授クル所ニシテ其学科ハ修身，読書，習字，算数，地理，歴史等ノ初歩トス」。[19]修身科は事実上筆頭科目となり，これ以降修身が最重要科目となる。

(3) 「小学校教則綱領」「小学校教員心得」による徳育路線の強化

1881（明治14）年「小学校教則綱領」と「小学校教員心得」の2法令が出され，修身教育重視路線が強化される。前者では修身の時数週6時間とされ，また授業方法としても「簡易ノ格言」等を暗記させる方法が唱えられた。つまり幼少期は名言や格言を意味がわからずとも覚えることが重要とされた。さらに「人ヲ導キテ善良ナラシムルハ多識ナラシムルニ比スレバ更ニ緊要ナリトス」とも述べられ，道徳教育が知識教育より優先するとされている。「小学校教員心得」では，教員の政治参加が禁じられている。これは当時の自由民権運動に多くの教員が参加していたことに対して，政府が教育の中立

性を打ち出そうとしたことの表われとも言える。[20]

このように1879（明治12）年以降，道徳教育（厳密には儒教的な徳育）路線が定着しつつあったが，再び開明派が教育政策の座に就くことになる。それが次の森文政である。

4 森 文 政

1885（明治18）年，太政官制が廃止され，内閣制度が導入された。初代内閣総理大臣・伊藤博文は，初代文部大臣に森有礼（ありのり）を選んだ。[21] 森はキリスト教徒であり，宮中からは反対意見も出されたが，伊藤は森の教育に対する見識を評価していた。森文相の下で「学校令」（小学校令・中学校令・帝国大学令・師範学校令）が出され，小学校・中学校・帝国大学・師範学校の学校体系が固まった。さて森は道徳教育に関しても大きな改革を行なった。森は儒教的色彩を排除しようと努めた。儒教の経典の格言を暗誦理解させる方法を廃止し，談話形式に改めた。また修身科の授業時数は4分の1に削減され，尋常小学校で週1時間半となった。近代的国民を育成しようとした森にとって，旧式の修身教育は近代人にふさわしい教育方法ではなかった。このように森は多くの改革を行なったが，1889（明治22）年大日本帝国憲法発布の当日，民族派の青年によって暗殺され，その結果道徳教育の路線は再び保守派を中心に動くこととなる。

5 教育勅語の成立

1890（明治23）年5月，山縣有朋（やまがたありとも）内閣が成立し，教育に関する方針を定めるよう天皇から下命があり，審議が始まった。[22] 枢密院顧問元田永孚と内閣法制局長官井上毅とが起草にあたった。当然ながら元田は儒教倫理の積極的導入を図ったが，開明派の井上は近代的市民倫理の導入に極力つとめ，その結果，下記の「教育ニ関スル勅語」が成立した。

　　　　教育ニ関スル勅語
　　朕惟フニ我カ皇祖皇宗国ヲ肇ムルコト宏遠ニ徳ヲ樹ツルコト深厚ナリ我
　　カ臣民克ク忠ニ克ク孝ニ億兆心ヲ一ニシテ世々厥ノ美ヲ済セルハ此レ我

11　道徳教育の歴史

カ国体ノ精華ニシテ教育ノ淵源亦実ニ此ニ存ス
爾臣民父母ニ孝ニ兄弟ニ友ニ夫婦相和シ朋友相信シ恭倹己レヲ持シ博愛衆ニ及ホシ学ヲ修メ業ヲ習ヒ以テ知能ヲ啓発シ徳器ヲ成就シ進テ公益ヲ広メ世務ヲ開キ常ニ国憲ヲ重シ国法ニ遵ヒ一旦緩急アレハ義勇公ニ奉シ以テ天壌無窮ノ皇運ヲ扶翼スヘシ是ノ如キハ独リ朕カ忠良ノ臣民タルノミナラス又以テ爾祖先ノ遺風ヲ顕彰スルニ足ラン
斯ノ道ハ実ニ我カ皇祖皇宗ノ遺訓ニシテ子孫臣民ノ倶ニ遵守スヘキ所之ヲ古今ニ通シテ謬ラス之ヲ中外ニ施シテ悖ラス朕爾臣民ト倶ニ挙々服膺シテ咸其徳ヲ一ニセンコトヲ庶幾フ
明治二十三年十月三十日
　御　名　御　璽

まず冒頭，日本の国民精神に関する記述が行なわれている。祖先に遡ってこれまで国家を形成してきたことが称揚されている。次に具体的な徳目が列挙されている。ここでは伝統的な儒教倫理（「孝」など）のみならず，近代的な市民倫理（「博愛」など）も述べられ，伝統遵守と近代化との間で葛藤した跡がうかがえる。最後に勅語の内容が今後も遵守されるように求められている。この教育勅語が，戦前の教育方針として機能していくことになる。

6　大正・昭和初期の道徳教育

　その後1903（明治36）年，小学校令が改正され，小学校教科書が国定化される[23]。1904（明治37）年に第1期国定教科書が出され，修身教科書も作成された。フランクリン，リンカーン，ワシントン，ナイチンゲール等の内容も含まれ，近代的市民倫理の内容を含んでいた。1908（明治41）年には第2期国定教科書が，そして1918（大正7）年には第3期国定教科書が出された。とりわけ第3期は大正デモクラシーの雰囲気を受け，国際協調の内容を含んだ教科書であった。しかし1933（昭和8）年第4期国定教科書が出されたが，満州事変以降の日本の軍国主義化の影響を色濃く受けた教科書であった。さらに1941（昭和16）年に国民学校令が出された。この法令によって小学校は廃止され，国民学校が新たに創設された。カリキュラムにおいては国民科・理数科・芸能科・体錬科が作られ，国民科のなかに，国語・国史・地理・修

身が置かれた。戦中軍国主義が道徳教育に多く影響を及ぼした。しかし1945（昭和20）年8月の終戦で教育政策が大きく転換するに至る。

7　戦後の道徳教育

(1)　終戦直後の教育改革

　1945（昭和20）年8月15日，日本政府はポツダム宣言を受諾し，連合国軍に無条件降伏した。戦後日本を実質支配したGHQ（連合国軍最高司令官総司令部）は，日本の統治機構改革に乗り出した。そのなかには日本の教育改革も含まれていたが，文部省はその動きを見越して，同年9月に「公民科」構想を打ち出した。[24]文部省は，とりわけ「修身科」が改革対象となることを予想しており，修身科に代わる科目として公民科を設定したのであるが，内容としては，平和主義や主権在民などが含まれていた。しかし同年10月よりGHQ内で教育担当する「民間情報教育局」（CIE）は「教育に関する四大指令」を出した。これ以降GHQ主導で教育改革が行なわれることになる。四大指令とは「日本教育制度の管理についての指令」（10月22日），「教育関係者の資格についての指令」（10月30日），「国家神道についての指令」（12月15日），「修身科，国史科，地理科の中止についての指令」（12月31日）であるが，とりわけ最後の指令が道徳教育に関連する指令である。当時学校現場で行なわれていた修身，歴史，地理の3科目が，軍国化にもっとも影響を及ぼしたとされ，授業停止が命令された。

　歴史と地理は翌1946年に復活されたが，修身科のみが留保された。同年1月よりイリノイ大学教授ジョージ・ストッダートを団長とする教育使節団が来日した。[25]使節団は日本の教育事情を視察し，今後の日本の教育に関するレポートを作成した。そのなかで今後の日本の道徳教育に関する2つの方向性が示されている。ひとつは道徳の特設科目を設ける案である。これはフランスを参考にしている。フランスでは市民性を育成するために特設科目が設けられているが，日本でも同じように民主主義や自由等の価値を教える授業として設置する可能性があった。もうひとつは特設科目を設けず，学校教育全体で道徳教育を行なう案である。これはアメリカのように，学校の全教育活動の中で道徳教育を行なうことが意図されている。

(2) 「社会科」の設置[26]

　1946（昭和21）年11月日本国憲法の公布を経て，1947（昭和22）年教育基本法と学校教育法が制定された。教育基本法では「人格の完成」に目的が置かれることとなり，学校教育法では教科目が提示された。ここで，新しい教科として「社会科」が設置されたが，社会科とは，戦前の修身・歴史・地理の融合科目であり，歴史や地理等の知識を学ぶだけでなく，道徳性育成も目標とされた。また1951（昭和26）年の第2次学習指導要領では，小学校に「教科以外の活動」，中学校に「特別教育活動」が設置された。これらの領域では，学級活動，クラブ活動，運動会，児童会（生徒会）などが行なわれたが，いずれも児童生徒の集団性や社会性を培うことが目的とされた。「教科以外の活動」も「特別教育活動」も広い意味で道徳教育であると言えよう。

(3) 特設「道徳の時間」の設置[27]

　さてこのように終戦直後の道徳教育は，社会科および学校教育全体で行なわれるとされたが，その効果について次第に疑問が呈された。この頃（1950年代）青少年の非行件数が多く，世論から道徳教育を復活させるべきとの声が上がっていた。教育課程審議会にて「道徳」の時間に関する審議が行なわれ，それを受けて1958（昭和33）年3月文部次官通達によって「道徳の時間」の設置が決定された。同年10月学習指導要領改訂が行なわれ，正式に学校教育の一領域とされた。小学校・中学校で週1時間，学級担任によって行なわれ，教科外の領域とされた。また内容としては，「日常生活の基本的な行動様式の理解」，「道徳的心情と道徳的判断力の育成」，「道徳的実践力」等が教えられるとされた。また学校教育全体で行なう「道徳教育」と，特設の時間で行なう「道徳」とは，役割が区別されている。

(4) 道徳のこれから

　その後，「道徳」は，いくつかの目標および内容項目の変更を経て現在に至っている。とりわけ2002（平成14）年には副教材『心のノート』が文部科学省によって作成され，小学校・中学校に配布された（2014（平成26）年より『心のノート』は『私たちの道徳』として改訂されている）。そして本書の冒頭にあるように，「道徳の時間」は2018（平成30）年より「特別の教科 道徳」（道徳科）として教科化されることが決定されている。

(1) 文部省編纂の『学制百年史』では，江戸時代において教育の近代化が次第に行なわれており，それらの基盤を基にして幕末開港後に近代化が急速に進んだと指摘している。下記参照。http://www.mext.go.jp/b_menu/hakusho/html/others/detail/1317577.htm（平成29年1月15日確認）
(2) 唐沢富太郎「明治・大正・昭和・戦後の教育」『日本教育史』お茶の水書房，1961年，162－174頁参照。
(3) たとえば下等中学では「数学」「幾何学」の他，「記簿法」「測量学」などがあり，上等中学では「経済学」「動植地質鉱山学」などが配当されていた（本山幸彦『明治国家の教育思想』思文閣出版，1998年，76頁参照）。
(4) 辻本雅史『学びの復権』角川書店，1999年。
(5) 辻本，前掲書，29－32頁参照。
(6) 坂本多加雄『日本の近代2　明治国家の建設』中央公論社，1998年，58－70頁参照。坂本は先行研究を踏まえ，「天皇親政」を西洋的な絶対君主制と同定するのではなく，「公議輿論」を前提として天皇が最終的裁定を下すシステムと解釈している。たとえば承久の乱の後鳥羽上皇や建武の親政の後醍醐天皇のような事例とは，異なるとしている。
(7) 文部省『学制　百年史　資料編』帝国地方行政学会，1972年，7頁。
(8) 本山幸彦は，文部大輔江藤新平（1871（明治4）年在任）が文部省の基礎を作ったと評価している。本山，前掲書，55－59頁参照。
(9) 文部省，前掲書，11頁より引用。所々現在の常用漢字に改めた。
(10) 文部省，前掲書，12－14頁参照。
(11) 文部省，前掲書，79－82頁参照。
(12) 文部省『学制　八十年史』大蔵省印刷局，1954年，83－85頁参照。
(13) 本山，前掲書，81－90頁参照。
(14) 前掲，文部省『学制　百年史　資料編』29－32頁参照。
(15) たとえば石川松太郎は教育令を「民意を反映」した，「柔軟な」ものであるとしている（石川松太郎『日本教育史』玉川大学出版部，1987年，117頁参照）。
(16) 「教学聖旨」は，前掲，文部省『学制　百年史　資料編』7頁。
(17) 鈴木博男編『原典・解説　日本教育史』図書文化，1985年，148頁。
(18) 前掲，石川松太郎『日本教育史』玉川大学出版部，1987年，185－189頁参照。
(19) 前掲，文部省『学制　百年史　資料編』31頁参照。
(20) 小学校教則綱領は，前掲，文部省『学制　百年史　資料編』81－88頁参照。小学校教員心得は，前掲，鈴木博男編『原典・解説　日本教育史』図書文化，1985年，153頁。
(21) 本山，前掲書，193－208頁参照。
(22) 前掲，鈴木博男編『原典・解説　日本教育史』図書文化，1985年，178－179頁

参照。
(23) 修身教科書に関しては，復刻版が出版されている（『尋常小学修身書　全六巻』池田書店，1970年，宮坂宥洪監修『「修身」全資料集成』四季社，2000年等参照）。国民学校に関しては，前掲，文部省『学制　百年史　資料編』116頁参照。
(24) 水原克敏『現代日本の教育課程改革』風間書房，1992年，11－16頁参照。
(25) 水原，前掲書，28－34頁参照。肥田野直・稲垣忠彦編『教育課程［総論］』東京大学出版会，1971年，105－124頁参照。
(26) 水原，前掲書，134－146頁参照。
(27) 水原，前掲書，346－350頁参照，肥田・稲垣編，前掲書，323－348頁参照。

【初出】　田中潤一「明治期の道徳教育に関する一考察[1]」『大谷大学教職支援センター紀要』第５号，2016年。（本章の１，２のみ）

PART 4
●学習指導案作成

12 小学校道徳科授業の一考察

教材開発と学習指導案作成を中心に

田中潤一

1 はじめに

　本節では小学校道徳科の授業展開について考察する。再度学習指導要領から道徳科の目標を確認したい。

　(「第3章 特別の教科 道徳」の「第1 目標」)
　第1章総則の第1の2に示す道徳教育の目標に基づき、よりよく生きるための基盤となる道徳性を養うため、道徳的諸価値についての理解を基に、自己を見つめ、物事を多面的・多角的に考え、自己の生き方についての考えを深める学習を通して、道徳的判断力、心情、実践意欲と態度を育てる。

　上記のように「道徳性」を養うために、「道徳的判断力」、「道徳的心情」、「道徳的実践意欲と態度」を育むことが重要とされる。このような目標に到達するために、どのような道徳科の授業を行なえば良いのであろうか。さて『学習指導要領解説　特別な教科　道徳編』では学習指導案作成の際の記載点が、5点挙げられている。[1]

（ア）主題名
（イ）ねらいと教材

(ウ) 主題設定の理由
(エ) 学習指導課程
(オ) その他

次にそれぞれの項目について考察したい。

2　学習指導案作成のポイント

(ア) 主題名
主題名に関しては「原則として年間指導計画における主題名を記述する[(2)]」とされている。たとえば「A－1　善悪の判断，自律，自由と責任」や「C－18　国際理解，国際親善」などのような，学習指導要領に記載されている項目を主題名として記載することが考えられる。
(イ) ねらいと教材
「ねらい」では，本時が学習指導要領のどの内容項目に該当するかを考慮し，学習指導要領に述べられている詳しい説明文を記載することが良いと思われる。たとえば「正しいと判断したことは，自信をもって行うこと」(小学校3，4年A－1)「他国の人々や文化について理解し，日本人としての自覚をもって国際親善に努めること」(小学校5，6年C－18)などである。
また「教材」は，そのねらいに基づいて使用する教材名を記載する。
(ウ) 主題設定の理由
この項目については，3点の記述が求められている[(3)]。
①ねらいや指導内容についての教師の捉え方
②それに関連する児童のこれまでの学習状況や実態と教師の願い
③使用する教材の特質やそれを生かす具体的な活用方法など
それぞれ①は「教師のねらい」，②は「児童観」，③は「指導観」としてまとめられうる。道徳科においては児童の良いところを積極的に捉えることが求められている。
(エ) 学習指導課程
他教科と同様に，導入，展開，終末の3段階構成であり，教師の発問と予想される返答を記述し，評価の観点等も同時に記入するとされている。
導入に関しては，本時において扱う道徳的価値に関する児童の興味関心を

高める。

　展開に関しては,「児童一人ひとりが,ねらいの根底にある道徳的価値の理解を基に自己を見つめる段階(4)」とされる。それゆえに発問も単に登場人物の「心情」を理解させるだけではなく,テーマである価値を自己の課題として引き受けて,「判断」する力を身に着けさせることが目標といえる。終末では本時の内容をまとめるのみならず,今後の日常生活に活かすように支援することが求められる。

　（オ）その他
　板書計画,ワークシート,フラッシュカード等,授業を円滑に行なうための工夫についても記載する。

3　学習指導案作成

　具体的に「崇高さ」を育む授業について,具体的に考察したい。東京書籍の小学校5年生の副読本『希望を持って　道徳』中の「ひさの星(5)」を参考に学習指導案を作成した(6)。

特別の教科　道徳　学習指導案

　　　　　　　　　　　　　　日時：平成〇〇年〇月〇日（〇曜日）第3時間目
　　　　　　　　　　　　　　場所：5年1組
　　　　　　　　　　　　　　　　　（男子〇〇名　女子〇〇名　合計〇〇名）
　　　　　　　　　　　　　　授業者：〇〇　〇〇　印
　　　　　　　　　　　　　　指導教諭：〇〇　〇〇　印

（1）主題名
　D-21　感動,畏敬の念

（2）ねらいと教材
　ねらい：美しいものや気高いものに感動する心や人間の力を超えたものに対する畏敬の念をもつこと。
　教材：ひさの星

（3）　主題設定の理由
　①教師のねらい
　本資料を通して，よりよく生きようという，美しい心について児童に伝える。人間は自分のために行動し，他人のことを顧みない行動をすることがしばしばある。また常日頃他人のために行動すると言いながら，いざ重要な時に自分のためにのみ行動する場合もある。しかし本資料では，主人公ひさが人の命を助けるが，それは純粋に「助けよう」という意欲から出た行動であり，決して自分の利益を意図しているのではない。児童全てが，ひさのような人物になることは不可能かもしれないが，ひさのような人物の行動を通して，自己利益を超えた行動の「崇高さ」を感じることができる。

　本資料ではまずひさの性格として，常日頃から目立たない子どもであったこと，しかし他の子を助ける心優しい子どもであったことが，述べられている。これは謙虚さという美徳を示唆していると言える。またさらに政吉がおぼれた時，自分の命を顧みず，政吉を助けた話から，自己犠牲の精神を伝えることができる。

　最後に東の空に青白い星が輝き始めたというストーリーは，ひさの魂が空で輝いていること，そしてひさの魂が美しいこと，そしてひさが村を見守っていることなどが暗示されている。このストーリーを通して，美しい精神は決して滅びることがなく，人間の生活を明るく照らしてくれることを示している。本資料を通して，以上のようなテーマを児童に伝えることができる。

　②児童観
　本クラスの児童は，おおむね善悪を正しく判断することができるが，しばしば自己の意見を無理に通そうとすることが見受けられる。心の中ではよくないとわかっていても，それを行動に表わすことができないケースもしばしばある。本資料を通して，謙虚にかつ人のために生きることの重要性を伝えたい。

　③指導観
　まず導入で「崇高さ」に対する児童の気持ちを自由に述べる。崇高さという用語は難解であるので，「感動」と言い換えて，発問を行なう。

　展開では本資料を読み，児童の感動した場面について自由に述べさせる。特に制約を加えずに自由に答えるように促す。しかし，ひさが政吉を助けた箇所に答えが集中すると思われるので，なぜひさが政吉を助けたのかに関して理由も考えさせる。また「ひさの星」が意味する内容についても，児童に考えさせる。本授業では，ひさが村人に言おうとしていること，そして村人がひさに言

いたいことを，児童に想定させ答えさせる。児童が意見を述べ，黒板にその意見を取り上げる。この取り組みを通して，児童が感動した内容を言葉に表現し，人の心の温かみについて導くように努める。

終末では，教師の説話を行なうと同時に，児童が感動について意識を深められるようにワークシートを使用したディスカッションを行なう。

（4） 学習指導過程

	学習活動(児童の活動)	指導上の留意点（教師の発問，△留意項目，☆工夫）
導入		①「今日は星についてのお話をよみます」 「星についてのイメージ」 「どんな色？」「いつ見える？」
	「きれい」「かがやいている」。 「美しい」。	△「感動」に対して児童が持っている感情を呼び起こさせる。
		☆フラッシュカード，画像を使用。 ☆ワークシート配布。
	「花」「夕焼け」。 「友達が助けてくれた時」「友だちと一緒にご飯を食べたとき」。	②「今日は感動ということについて考えていきます。」 「どんなとき，感動しましたか？自由に書いてください」。
展開	① 「ひさが政吉を助けた」。	ひさの星を読む。 ①「ひさの星を読んで，一番心に残ったところを書いてください。理由も一緒に書いてください。」
	「自分は死んでしまうかもしれないのに，助けたから」。	△ひさのように感動的な行動を行なうにはどうすればいいかを，児童に考えさせる。
	②「政吉が死んだら大変だ」。 「こわい。自分も川に落ちるかもしれない」 「すごい」「じぶんならできない」。	②「政吉を助けたときのひさの気持ちを考えてみてください。」 「こわいけど助けたひさをみんなはどう思う？」 △児童がひさの行動について考える。 △ひさの行動のみならず，謙虚な態度についても理解する。
	③「ひさの星」 自由に記述し，グループで話しあう。 ⇒発表する。 「みんな元気でいてね」 「ひさ，疑って悪かった，ごめん」	③「青い星がでました。この星は誰の星？」「ではここで質問です。ひさの星は誰を見ているでしょうか？そしてどんなことを語っているでしょうか？」 「村人はひさの星をみてどんな気持ちになっているでしょうか？」 △ひさと村人の気持ちを考える。（グループワーク） △「星」を通して日常を超えた気高さを感じさせる。 ☆発表内容をクラスで共有する。（グループごとに発表）
終末	①教師の感動的な話を聞く ②児童に自由に記述させ，発表する。	①説話 ②「これまで，友達からしてもらって感動したことを話し合ってください。またこれから友達にどんな感動を与えていきたいかを話し

合ってください」。
△日頃から自らの行動の意味について考え,また他人から受けた感動を忘れずに心にとどめるようにする。

(5) その他
①板書案

②ワークシート

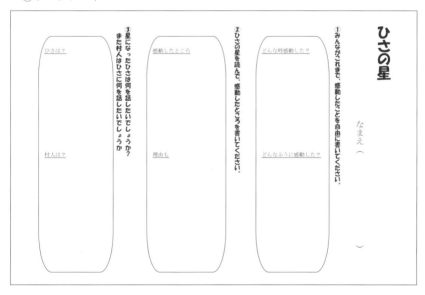

4 「崇高さ」の考察

(1) 「日常性からの乖離」と「社会性」

さて以上のように「崇高さ」を育む授業例について考察したが，崇高さとはそもそも何を意味するのであろうか。『小学校学習指導要領』「第3章 道徳」では「道徳の内容」の4項目の第4項目に「D 主として生命や自然，崇高なものとの関わりに関すること」が設定されている。

『小学校学習指導要領』では崇高さの育成に関して次のような内容が挙げられている。(7)

　21 感動，畏敬の念
　〔第1学年及び第2学年〕美しいものに触れ，すがすがしい心をもつこと。
　〔第3学年及び第4学年〕美しいものや気高いものに感動する心をもつこと。
　〔第5学年及び第6学年〕美しいものや気高いものに感動する心や人間の力を超えたものに対する畏敬の念をもつこと。

さらに『中学校学習指導要領』でも崇高さについて次の項目が挙げられている。(8)

　21 感動，畏敬の念
　美しいものや気高いものに感動する心をもち，人間の力を超えたものに対する畏敬の念を深めること。
　22 よりよく生きる喜び
　人間には自らの弱さや醜さを克服する強さや気高く生きようとする心があることを理解し，人間として生きることに喜びを見いだすこと。

さてこのような内容記述から何が読み取れるであろうか。まず「美」への感動や共感が挙げられる。子どもが何かを美しいと感じることによって，そこに「日常的世界から離れた理想」を感じるようになり，それが崇高さの基

礎となると思われる。さらに「気高さ・自己克服」が挙げられよう。児童生徒が自己本位に行動することがあるかもしれないが，自分の心の弱さを克服することによって，他者の役に立つように生きることができる。つまり崇高さの育成によって「社会性・共同性への寄与」が可能となる。

(2) 崇高さ育成の指導法について

さてこのように崇高さには「日常性からの乖離」と「社会性」の2契機が存すると，筆者は分析したが，それではこのような契機はどのように育まれるであろうか。『小学校学習指導要領解説　特別の教科　道徳編』では次のように述べられている。まず小学校低学年では，音楽を聞いたり物語を読むことにおいて清らかさに感動する体験をすることが効果的とされる[9]。また小学校高学年においては，真理を探究すること，芸術作品における精神を読み取ること，自然の摂理を体感することによって崇高さは育まれるとされている[10]。

さらに『中学校学習指導要領　特別の教科　道徳編』では指導法が具体的に述べられている。まず自然や芸術作品等との出会いを通して，感動する心や畏れ敬う心を育てることが挙げられる[11]。さらに生徒を「自己肯定」へ向かわせることも可能となる。人間には他者と自分とを比較して妬んだり恨んだりする心がある。そのような弱さや醜さを克服し，誇りのある生き方へと導くことが求められる。さらに単に弱さと気高さを対比するだけではなく，夢や希望へと向かう姿勢を育てることが求められている[12]。

筆者はここから「崇高さ」育成にあたって，留意点を2点挙げたい。まずは「美との邂逅(かいこう)による非日常的世界への憧憬(しょうけい)」である。芸術作品や自然等の触れ合いを通して，日常とは異なる境位を感じることである。これは場合によると言語を絶した体験である。また一人一人の子どもによって感じる内容も異なる。しかしこのような体験は教育的に無意味ではない。われわれは日々辛く悲しいことが多い世界に生きているが，決して生は悲しいことばかりではない。このような理想の美的世界に触れることによって，現実世界に生きることそのものに息吹が吹き込まれる。そして再び生きることが肯定されるようになる。

次に「自己の有限性の自覚と自己肯定」が挙げられる。誰しも自分に不足しているものを欲しようとし，他者と比較して自らの不十分さを恨むことが

ある。この姿勢がしばしば他者への妬みや攻撃性へとつながる。しかし人間にはそれぞれ他の人によっては代え難い価値を有しており，自らの良さを認めることがより重要である。人間が自らに与えられた命の大切さを感じ取り，自らの人生を十全に生きるよう導くことが求められる。⁽¹³⁾

5　結　語

　以上，「崇高さ」の教材を例に指導案を作成したが，それ以外にも小学校で扱う教材は多岐にわたる。これからの教員にはそれぞれの教材について内容理解を深め，興味深い授業を行なうことが求められる。たしかにこのように授業実践していくことは，膨大なエネルギーを要し，困難を伴う。そのため教員間での情報共有も必要となってくるであろう。これからの時代を支える児童を育成するには，教材研究や指導法の開発などを各教員が深めることが求められる。

(1)　文部科学省『学習指導要領解説　特別の教科　道徳編』77頁。
(2)　同上，77頁
(3)　同上，77頁。
(4)　同上，79頁
(5)　『希望を持って　道徳5』東京書籍，35－37頁。
(6)　この学習指導案は筆者自身が平成27年6月29日大谷大学文学部教育・心理学科「教育・心理学演習Ⅲ・Ⅳ」で行なった模擬授業の指導案を基にしている。
(7)　文部科学省『小学校学習指導要領』，平成27年，96頁。
(8)　同上，102頁。
(9)　文部科学省『小学校学習指導要領　特別の教科　道徳編』平成27年，67頁。
(10)　同上。
(11)　文部科学省『中学校学習指導要領　特別の教科　道徳編』平成27年，65頁。
(12)　同上，68頁。
(13)　崇高さを育成する道徳授業に関する先行研究は，決して多くはない（下記参照。小野文生「「崇高なものとのかかわり」から考える道徳教育の問いのかたち」『道徳教育を考える』法律文化社，2012年。藤井基貴・中村美智太郎「道徳教育における内容項目「畏敬の念」に関する基礎研究」『愛知教育大学　教科開発学論集』第2号，2014年，173－183頁参照）。藤井・中村は「恐怖感情」が基礎にあるとし，その恐怖感情が「超越者への感覚」や「他者への交感」に結びつくとして

いる。しかし，その上で疑似科学や教条主義に陥る危険も同時に指摘し，児童生徒の自律性陶冶を重視している。筆者は本章において超越的世界への邂逅へと導くことを自己目的とはせず，児童生徒が主体的に生きる活力を付与する次元として，崇高さを捉えている。

＊　なお注で引用している学習指導要領は下記の文部科学省のHPを参照にした。
http://www.mext.go.jp/a_menu/shotou/new-cs/youryou/1356248.htm（平成29年1月15日確認）

【初出】本章は，筆者の下記の論文に加筆・修正を行なった。田中潤一「「崇高さ」を育む小学校道徳授業の一考察——教材開発と学習指導案作成を中心に」『大谷大学教職支援センター紀要』第4号，大谷大学教職支援センター，平成28年3月4日。

13 中学校の教材から

岩瀬真寿美

1 はじめに

　本章では，中学校の道徳科の学習指導案作成の方法を確認する。「特別な教科　道徳」の検定教科書は，小学校では2018（平成30）年度から，中学校では2019（平成31）年度から導入された。検定教科書の内容については，「教科書発行者においては，①これまで民間の発行者から刊行されてきた副読本や教育委員会等が作成した地域教材，「私たちの道徳」など文部科学省（文部省）が作成した教材など様々な教材のよさを生かすこと，②例えば，家庭でも保護者が子供と一緒に活用できるなど，家庭や地域社会と連携した道徳教育にも資するものとなるよう，道徳科の教科書の著作・編集に当たることを期待する」とある(1)。さて，中学校の『私たちの道徳』には「内容的にも読み応えがあり，深く考えることのできる読み物資料」を9編掲載している(2)。したがって，検定教科書とともに，2014（平成26）年度から全国の小中学生に配布された道徳教育用教材『私たちの道徳』のなかの多くの読み物資料には道徳教育的価値が含まれている。本章では，『私たちの道徳』に掲載されている読み物資料「二人の弟子」を事例として，学習指導案作成のモデルを示していく。

2　学習指導要領に基づく教材への留意と指導における配慮

「学習指導要領　第三章　特別の教科　道徳」の「第3　指導計画の作成と内容の取扱い」のなかに，中学校では次の記述がある。

> 3　教材については，次の事項に留意するものとする。
> （1）生徒の発達の段階や特性，地域の実情等を考慮し，多様な教材の活用に努めること。特に，生命の尊厳，社会参画，自然，伝統と文化，先人の伝記，スポーツ，情報化への対応等の現代的な課題などを題材とし，<u>生徒が問題意識をもって多面的・多角的に考えたり，感動を覚えたりするような充実した教材の開発や活用を行うこと</u>。
> （2）教材については，教育基本法や学校教育法その他の法令に従い，次の観点に照らし適切と判断されるものであること。
> 　ア　生徒の発達の段階に即し，ねらいを達成するのにふさわしいものであること。
> 　イ　<u>人間尊重の精神にかなうものであって，悩みや葛藤等の心の揺れ，人間関係の理解等の課題も含め，生徒が深く考えることができ，人間としてよりよく生きる喜びや勇気を与えられるものであること</u>。
> 　ウ　多様な見方や考え方のできる事柄を取り扱う場合には，特定の見方や考え方に偏った取扱いがなされていないものであること。
> 　　　　　　　　　　　　　　　　　　　　　　　（下線は引用者による）

読み物資料「二人の弟子」は，まさに「感動を覚えたりする充実した教材」であり，「悩みや葛藤等の心の揺れ，人間関係の理解等の課題も含め，生徒が深く考えることができ」るものと言える。また，指導の方法については，同じく「学習指導要領　第三章　特別の教科　道徳」の「第3　指導計画の作成と内容の取扱い」のなかに，中学校では次の記述がある。

> 2　第2の内容の指導に当たっては，次の事項に配慮するものとする。
> 　（中略）

(3) 生徒が自らの道徳性を養う中で，自らを振り返って成長を実感したり，これからの課題や目標を見付けたりすることができるよう工夫すること。その際，道徳性を養うことの意義について，生徒自らが考え，理解し，主体的に学習に取り組むことができるようにすること。また，発達の段階を考慮し，<u>人間としての弱さを認めながら，それを乗り越えてよりよく生きようとすることのよさについて，教師が生徒と共に考える姿勢</u>を大切にすること。

（下線は引用者による）

　この「人間としての弱さ」についての記述は，中学校の道徳教育の内容項目 D（22）「人間には自らの弱さや醜さを克服する強さや気高く生きようとする心があることを理解し，人間として生きることに喜びを見いだすこと」としても記載があり，これに該当する項目は，2008（平成20）年の学習指導要領においては小学校にはなかったが，2015（平成27）年の一部改正の新学習指導要領においては小学校第5学年および第6学年において，D（22）「よりよく生きようとする人間の強さや気高さを理解し，人間として生きる喜びを感じること」が新たに追加されている。この内容項目は「よりよく生きる喜び」というキーワードによって括られる。教師も弱さを持つ一人の人間であり，それを克服する強さを持つことが求められる人間である。したがって，この項目においては特に，「教師が生徒と共に考える姿勢」を忘れてはならない。

3　学習指導案の作成

　次に学習指導案の作成モデルを記載する。「「私たちの道徳」活用のための指導資料」では，授業の展開例として，事例1「智行のことを中心にして，人間の醜さを克服する気高さについて考える展開」と，事例2「道信のことを中心にして，人間の弱さを克服する強さについて考える展開」の2通りを挙げている。ここでは，智行と道信の生き方を対比的に見る学習指導案を作成する。なお，「7　主題設定の理由」の「(1) ねらいとする価値」および「(2) 生徒観」については，特に「学習指導要領解説」を参照するとまとめやすく，本章でもそのようにして，多くを依っている。また，生徒に何を考

えてほしいのかということ，特に発問を作成することから始めると学習指導案はまとまりやすい。

資料1

二人の弟子

　池をめぐらした本堂の奥から，修行僧たちの読経が聞こえてくる。西山寺の深い木々の緑が白いもやの中からゆっくりと現れる。山門に立って深呼吸し，杉木立に囲まれた薄暗い参道に目をやった智行は，急な石段をゆっくり登ってくる一人の男がいるのを見付けた。ぼろの着物をまとい，髪を伸ばして痩せこけた男の姿に，一瞬，眉をひそめ，声を掛けようと歩み出して智行ははっと息をのんだ。
「道信，道信なのか。」

　智行は土地の名家の三男に生まれた。幼いときから才覚を発揮しこの寺の上人に師事していた。道信は智行と同年輩で，先の戦で孤児となり，上人が引き取って育てたのだった。若い二人の学問への深い情熱を愛した上人は，十四歳になった二人を都の本山へ送り出してくれた。

　都での修行と学問の日々は今となっては懐かしいものだが，少年たちにはつらいものだった。智行は自分を励まして学問に没頭し，また厳しい修行にも必死の思いでついていった。
　そんなある夜のこと，道信に呼び出された智行が聞いた話は思いもかけぬものだった。
「私はある女性のことが忘れられなくなってしまった。こうして勉強していることが，その女性と会っていると全て無意味なように思われるのだ。」
　その女性とは都で評判の白拍子で，学問一辺倒の智行ですら幾度かその名を聞いたことがあった。しかし，共に厳しい修行に励まし合ってきた同志だと思ってきた智行にとって，道信のこの言葉はにわかに信じられるものではなかった。元々道信は情熱的で一途だが少し突っ走るところがある。思い詰めて周りが見えなくなっているのだろう。止めてやらねばならない。

智行の言葉は厳しくなった。
「それは一時の気の迷いだ。白拍子だって本気で相手にするものか。お前は目の前の修行のつらさから逃げようとしているだけだ。目を覚ませ，道信。」
　そのままうつむき，うなだれていた道信，肩を落として何かにじっと耐えているような道信の姿を智行は昨日のことのように思い出すことができる。智行は道信が分かってくれたものと思っていた。二人で励まし合いながら続けてきた学問の道の大切さを道信もよく分かっているはずだった。
　ところが数か月後，道信は本山を出奔してしまったのである。それ以来，道信の行方は全く分からなかった。智行は道信の行為が，二人で励まし合った日々への裏切りのように思ったものだ。だが，いずれ道信には厳しい修行の道は合わなかったのだ。それだけの男だったのだと思い，自らの修行に熱中する中で，道信のことは記憶から薄れていった。こうして智行は都での修行を終え，知識を身に付け，立派な僧侶に成長して故郷の西山寺に帰っていった。

「あの白拍子にはすぐに捨てられてしまったよ。」
道信の言葉に，智行は古い思い出から呼び戻された。
「そんなことだろうと思ったよ。」
「その後はひどいもんだ。遊び暮らしが身に付いてしまっていたし，金はないし。随分ひどいこともやったよ。盗人みたいなこともやってしまったし……」
少しの間，道信は遠くを見るようにしていた。そしてゆっくりと言葉を継いだ。
「それでも何とか生きられるものだな。人並みに女房を迎えて所帯ももったんだ。」
だがその女も二年後に病で亡くなってしまったということだった。かわいそうなことをしてしまった，と道信は，ぽつりとつぶやいた。
「一体お前，ここへ何しに。いや，何だって今頃，寺を訪ねる気になったのだ。」
智行は自分の声が非難がましいものになっているのに気付き，言葉を改めて聞いた。
「俺は死のうとしたことがあるんだ。」

道信は淡々と語った。まともな暮らしをしようとした矢先に妻を亡くしたことは道信にとって深い哀しみであったのだろう。再び酒浸りになり，そして今度はもう生きる意欲すら無くしてしまっていたのだった。捨て鉢な気持ちのまま，まだ雪残る北山へ向かったのだと道信は語った。歩き疲れ，雪に足をとられた。そのまま眠るようにして死ねたらという思いが頭をかすめたという。
　「でもそのとき見付けたんだよ。」
道信の声が急に華やいだ。
　「雪の中に倒れてこのまま眠れると思った。ゆっくりと雪が溶けていく頃にはもう冷たいとかいう感覚もなかったな。そのときさ。雪が溶けた地面の中に何か丸い茶色い物が出ていたのさ。小指の先ぐらいのがいくつも。妙に気になって周りの土をどけてみたんだ。そうしたら，見付けたんだよ。」
　「何を。」
　「フキノトウさ。まだ雪が覆っているのに。掘ってみるともう鮮やかな薄緑色なんだよ。」
道信の顔はとても幸せそうに輝いている。智行は子供のように興奮して頬を紅潮させている道信の心をはかりかねていた。
　「寺を出奔しても，盗みをやっても，女房につらく当たっても，悪いとは思わなかった。どうせ俺はこの程度の人間さ，ってね。後悔もしなかったよ。でもあのフキノトウを見たとき……」
道信は不意に言葉を詰まらせた。そして智行の目を真っすぐに見つめて言った。
　「智行，私はもう一度修行をやり直したいんだ。」
　「じゃあお前，この寺に戻りたいと言うのか。」
　「上人様のお許しがいただけるなら。いや，許していただけるまで何度でもお願いするつもりだ。」
　そんな勝手が許されるはずがない，と言おうとして智行は口をつぐんだ。自分が差し出ましく言うまでもあるまい。上人様は道信が期待を裏切って出奔したことに深く心を痛めていらっしゃった。今更戻りたいなどと言ってもお許しになるはずがない。
　道信には，上人様にお話してみる，とだけ言って，智行は本堂の上人の元に向かい，道信の帰郷を伝えた。

意外にも上人は道信にすぐ会おうとおっしゃった。
　上人には十年ぶりの再会である。もう一度この寺で修行を，と懇願するその男は，上人が愛したあの頬を上気させ目をきらきら輝かせていた少年ではない。修行を捨て，すさんだ暮らしに手を汚し，進退極まって寺を頼ってきた貧しい男だ。
　じっと黙って遠く道信を見つめる上人の深いしわの刻まれた険しい横顔を見ながら，やはり上人様のお怒りは解けないのだ，と智行は確信した。と，そのとき，上人は深くうなずいて言った。
　「お前は本当にたくさんのことを学んできたのだな。もう一度この寺で修行したいというのなら，ここで暮らせばよい。お前は今までもこれからもずっと私の大切な弟子なのだから。」
上人は道信の手を取った。その手は道信によってしっかりと握り返されていた。
　思わぬ展開に驚き，智行はそっとその場を離れた。仏の道を一旦捨て，罪を犯した男が一体何のために戻って来たのか。上人様はなぜ，そんな男を再び弟子におとりになるというのか。智行にはどうしても分からなかった。そしてその分からなさは，智行の中で次第に怒りに変わっていった。
　智行はその夜，意を決して上人の部屋を訪ね，こらえかねた思いを吐き出した。
　「上人様，道信は修行を途中で放り出して逃げ出した人間です。そのような男をどうして再び弟子におとりになるのですか。あの男にはもう学問をする資格はありません。」
　上人が何も答えないので，智行の声は更に力が入り上擦っていく。
　「他の弟子たちは皆厳しい教えを守り，修行に耐えて勉学しています。そのつらさに耐え切れずに逃げた道信を許してよいのですか。脱落した者には厳しい態度で臨むべきではないのですか。」
　智行の激しい言葉を上人は黙って聞いていた。やがて智行に優しいまなざしを向けてつぶやいた。
　「智行よ，人は皆，自分自身と向き合って生きていかねばならないのだ。」
　それきり黙して語らぬ上人に，智行はいたたまれず一礼して部屋を退いた。
　上人の言葉の意味をはかりかね，僧房に戻る気にもなれず，智行はふらふらと草の茂った庭の小道へ歩き出した。

夜の月に照らされて,池の水がきらきらと光っている。月は,暗い夜の闇の中から池のほとりに咲く一輪の白ゆりをくっきりと照らしていた。その純白の輝きに智行の暗い心は圧倒された。知らずにあふれてくる涙を止めることができないまま,智行は月の光の中にいつまでも立ち尽くしていた。

(出所)　文部科学省「私たちの道徳　中学校」。振り仮名や注については,ここには引用していない。

資料2

道徳科学習指導案

　　　　　　　　　　　　　　　　　　指導者　○　○　○　○　㊞

1　日時　令和○○年○○月○○日（○）
　　　　　第○校時（○○：○○～○○：○○）

2　場所　○年○組教室

3　学年・組　第○学年○組（男子○○名・女子○○名　計○○名）

4　主題名　よりよく生きる喜び〔内容項目D（22）〕

5　ねらい　人間には自らの弱さや醜さを克服する強さや気高く生きようとする心があることを理解し,人間として生きることに喜びを見いだすこと。

6　教材名　「二人の弟子」（出典：『私たちの道徳　中学校』126-131頁）

7　主題設定の理由
　(1)　ねらいとする価値
　誰でも,自分に自信がもてなかったり,劣等感に悩んだり,誰かを妬んだり,恨んだりすることがある。欠点や弱点のない人間はいない。ありのままの人間

は，決して完全なものではない。誰の心の中にも弱さや醜さがある。人間は総体として弱さはもっているが，それを乗り越え，次に向かっていくところにすばらしさがある。そして，人間として生きることへの喜びや人間の行為の美しさに気付いたとき，人間は強く，また気高い存在になり得るのである。「気高く生きようとする心」とは，自分の良心にしたがって人間性に外れずに生きようとする心である。良心とは，自己の行為や性格の善悪を自覚し，善を行なうことを命じ，悪を退けることを求める心の動きである。また，人間として生きる喜びとは，自己満足ではなく，人間としての誇りや深い人間愛でもあり，崇高な人生をめざし，同じ人間として共に生きていくことへの深い喜びでもある。以上のような，よりよく生きる喜びを，中学生という時期に理解させることは大変重要である。

　(2) 生徒観

　中学校の段階では，入学して間もない時期には，人間が内に弱さや醜さをもつと同時に，強さや気高さを併せてもつことを理解できるようになってくる。しかし，なかなか自分に自信がもてずに，劣等感にさいなまれたり，人を妬み，恨み，うらやましく思ったりすることもある。学年が上がるにつれて，崇高な人生を送りたいという人間のもつ気高さを追い求める心が強くなる。自分も含め，人は誰でも人間らしいよさをもっていることを認めるとともに，決して人間に絶望することなく，誰に対しても人間としてのよさを見いだしていこうとする態度が次第に育ってくる。

　指導に当たっては，まず，自分だけが弱いのではないということに気付かせたい。弱さや醜さだけを強調したり，弱い自分と気高さの対比に終わったりすることなく，自分を奮い立たせることで目指す生き方や誇りある生き方に近付けるということに目を向けられるようにしたい。

　さらに，人間がもつ強さや気高さについて十分に理解できるようにすることが大切である。先人の気高い生き方などから，内なる自分に恥じない，誇りある生き方，夢や希望など喜びのある生き方を見いだすことができるようになる。生徒が，自分の弱さを強さに，醜さを気高さに変えられるという確かな自信をもち自己肯定でき，よりよく生きる喜びを見いだせるような指導を行ないたい。

　(3) 教材観

　「二人の弟子」の中の登場人物の智行と道信は対比的に描かれる。智行は真面目に修行を積んできたが，道信は本山から逃げ出し，遊び暮らしの中，まともな暮らしをしようとした矢先に妻を亡くし，生きる意欲すら無くしてしまっ

たものの，そのとき見付けた雪の覆ったフキノトウを見たとき，もう一度修行をやり直したいとの思いを持つ。上人はそのような道信に対して，お前は本当にたくさんのことを学んできたと語りかけ，修行を許す。智行にはこのように上人が再び道信を弟子としてとることが理解できなかった。そこに月に照らされた一輪の白ゆりが智行の目に入り，智行の暗い心が圧倒される，という話である。

　この教材を読む生徒はおそらく，智行に自分を重ねてみたり，あるいは道信に重ねてみたりと，いずれも可能であろう。そして本山とは，物理的空間的な意味合いをはずしてみれば，自身の心を鍛えるところという意味合いをもつ。出奔した道信は欲望の赴くまま，欲望に翻弄されていたが，フキノトウに表わされた言わば良心を確認したとき，新たに人生を進む希望を持った。上人が帰郷した道信に「すぐ会おう」と考えた訳を，読み手は知ることはできない。しかし，そこにある心を考えてみることはできる。ある生徒はこう考えるかもしれない。「上人にとって，道信は，困った弟子であったこそ可愛い弟子であったのだ。」また別の生徒はこう考えるかもしれない。「上人は，道信の求道の心が高まっている間に自分と会うことが大事と考えたのだ。やる気を削げさせないために。すなわち，鉄は熱いうちに打てというように。」

　上人が道信の手を取るという思わぬ展開があった後，智行が「そっとその場を離れた」訳も考えることができる題材となる。ある生徒はそこに「孤独感ゆえ，いてもたってもいられなくなった智行」を見るかもしれないし，また別の生徒はそこに「智行の怒り」を見出だすかもしれない。現代社会において，人が人を非難すること，人の欠点を見付けようとすること，人を決して許さないという心，自分が常に正しいという考えを持つことは稀ではない。資料では，これらの心が智行に表わされている。一方で，上人が目指されるべき人の心として描かれている。

8　準備物
板書カード，ワークシート

9　学習指導過程
　（学習活動，補助発問（○）と中心発問（◎）と予想される生徒の反応（・），教師の支援（※）と評価の観点（・））

	補助発問（○）と中心発問（◎）と予想される生徒の反応（・）	教師の支援（※）と評価の観点（・）
導入 （5分）	○人を許したことがありますか（どのようなことか）。 ・待ち合わせに遅刻した友人を許した。 ・けんかした後，友人を許した。	※「許し」のイメージを考えることによって，ねらいとする価値への方向付けを行なう。
展開前段 （30分）	「二人の弟子」を読む。 ○なぜ上人は，帰郷した道信に「すぐ会おう」と考えたのでしょうか。 ・上人にとって，道信は，困った弟子であったこそ可愛い弟子であったから。 ・上人は，道信の求道の心が高まっている間に自分と会うことが大事と考えたから。やる気を削げさせないために。すなわち，鉄は熱いうちに打てというように。 ○上人が道信の手を取るという思わぬ展開があった後，なぜ智行は「そっとその場を離れた」のでしょうか。 ・孤独感ゆえ，いてもたってもいられなくなったから。 ・怒りによる。 ◎道信と智行の過去と現在についてまとめてみましょう。 (道信の過去) ・遊び暮らしが身に付いた ・金はない ・盗人みたいなこともやった ・まともな暮らしをしようとした矢先に妻を亡くした ・捨て鉢な気持ちにもなった (道信の現在) ・過去の生き方への後悔 ・寺に戻りたい (智行の過去) ・自らの修行に専心 (智行の現在) ・道信を許せない。 ・上人が道信を許す理由が分からない。 ・怒り	※寛大な上人の気持ちを押さえさせる。 ※智行の心の狭さゆえ，自分で居場所を狭めてしまう様子を理解させる。 ※ワークシートを用い，自分の考えをまとめさせる。 ※発言を板書に示し，自分の考えを深めさせる。 ・発言，ワークシートへの記述から，道信と智行の生き方の対比を理解し考えることができたかを評価する。

	○フキノトウと白ゆりは，それぞれ何を表わしていると思いますか。 ・フキノトウは道信の未来，白ゆりは上人の広い心。 ・フキノトウも白ゆりも，良心。 ・フキノトウは小さいながらも希望，白ゆりはずっと自分を見ていてくれる大きな力。	※ワークシートを用い，自分の考えをまとめさせる。 ※発言を板書に示し，自分の考えを深めさせる。 ・発言，ワークシートへの記述から，フキノトウと白ゆりが，それぞれ何を表わしているか考えることができたかを評価する。
展開後段 (10分)	過去と現在の自分を内省し，グループで話し合う。 ○自分の生き方を変えたいと思ったときに誰かに助けられた経験はありますか。グループで話し合いましょう。 ・友達に謝ろうとしたときに，友達から声をかけてもらえた。 ・立候補をしようか迷っていたときに，友達が推薦してくれた。	※ワークシートを用い，過去と現在の自分を内省させる。 ・発言，ワークシートへの記述から，人間として生きることの喜びに気づくことができたかを評価する。
終末 (5分)	教師の説話を聞く。	※十分に「よりよく生きる喜び」について考えてきた後なので，簡潔にまとめる。

10 板書計画（板書カードを使用）

二人の弟子
○人を許したことがありますか（どのようなこと）？
○なぜ上人は，帰郷した道信に「すぐ会おう」と考えたのでしょうか。
○上人が道信の手を取るという思わぬ展開があった後，なぜ智行は「そっとその場を離れた」のでしょうか。
◎道信と智行の過去と現在についてまとめてみましょう。
(智行の過去)
(智行の現在)
(道信の過去)
(道信の現在)
○フキノトウと白ゆりは，それぞれ何を表わしていると思いますか。
○自分の生き方を変えたいと思ったときに誰かに助けられた経験はありますか。

11　付属資料

「二人の弟子」ワークシート

　　　　　　　　　　　　　　　　年　　組　名前

1、道信と智行の過去と現在について，まとめてみましょう。

	道信	智行
過去	・遊び暮らしが身に付いた ・金はない ・盗人みたいなこともやった ・まともな暮らしをしようとした矢先に妻を亡くした ・捨て鉢な気持ちにもなった	・自らの修行に専心
現在	・過去の生き方への後悔 ・寺に戻りたい	・道信を許せない。 ・上人が道信を許す理由が分からない。 ・怒り

2、フキノトウと白ゆりは何を表わしたものと思いますか。

フキノトウ	白ゆり
道信の未来。良心。小さいながも希望。	上人の広い心。良心。ずっと自分を見ていてくれる大きな力。

3、自分の生き方を変えたいと思ったときに誰かに助けられた経験
・友達に謝ろうとしたときに，友達から声をかけてもらえた。
・立候補をしようか迷っていたときに，友達が推薦してくれた。

4　おわりに

　道徳科の授業の評価について最後に記しておきたい。道徳性が養われたか否かは「1単位時間の指導だけではその成果を評価することが困難である」こと，「常に生徒の立場に立って生徒を受容し尊重する共感的かつ確かな生徒理解に基づく道徳性の評価」の必要性，「生徒の学習状況を通して自らの指導を評価し，その評価を授業の中で更なる指導に生かす」ことの重要性，「道徳科の授業で生徒が伸びやかに自分の考え方や感じ方を述べたり，友達の考え方や感じ方を聞いたり，様々な表現ができたりするのは，日々の学級経営と密接に関わっている」ことが記されている。道徳科を担当する教員は，常に人間理解と自己研鑽に励み，「教師が生徒と共に考える姿勢」を持っていなければならない。道徳科の授業の経験を積むとともに，哲学や倫理学を学ぶことも意義があるし，日々の自身の心を内省することも大切である。

(1) 教科用図書検定調査審議会「「特別の教科 道徳」の教科書検定について（報告）」平成27年7月23日，7頁。

http://www.mext.go.jp/b_menu/shingi/tosho/toushin/__icsFiles/afieldfile/2015/08/06/1360229_01.pdf（2016（平成28）年8月23日アクセス）。下線は引用者による。

(2) 「私たちの道徳」の趣旨の理解を図り，より効果的に活用するための手引きである「『私たちの道徳』活用のための指導資料（中学校）」（文部科学省，7頁）を参照。

(3) 新たに加えられた理由について，「よりよく生きていくための資質・能力を培うという趣旨を明確化するために，また発達の段階をより一層踏まえた体系的なものとする観点から，小学校5・6年に新たに加えられたもの」と説明されている（毛内嘉威「3章 内容項目の解説と指導のポイント 22 よりよく生きる喜び」永田繁雄編『平成28年版 小学校学習指導要領の展開 特別の教科 道徳』明治図書，2016年，92頁）。

(4) 文部科学省「「私たちの道徳」活用のための指導資料（中学校）」72-73頁。

(5) 文部科学省『中学校学習指導要領解説 特別の教科 道徳編』2015（平成27）年7月，108-112頁。

資料集

(a) 日本国憲法 第26条

第二十六条
　すべて国民は、法律の定めるところにより、その能力に応じて、ひとしく教育を受ける権利を有する。
2　すべて国民は、法律の定めるところにより、その保護する子女に普通教育を受けさせる義務を負ふ。義務教育は、これを無償とする。

（出所 http://law.e-gov.go.jp/htmldata/S21/S21KE000.html）

(b) 教育基本法（平成18年12月22日）

　教育基本法（昭和二十二年法律第二十五号）の全部を改正する。
　我々日本国民は、たゆまぬ努力によって築いてきた民主的で文化的な国家を更に発展させるとともに、世界の平和と人類の福祉の向上に貢献することを願うものである。
　我々は、この理想を実現するため、個人の尊厳を重んじ、真理と正義を希求し、公共の精神を尊び、豊かな人間性と創造性を備えた人間の育成を期するとともに、伝統を継承し、新しい文化の創造を目指す教育を推進する。
　ここに、我々は、日本国憲法の精神にのっとり、我が国の未来を切り拓く教育の基本を確立し、その振興を図るため、この法律を制定する。

第一章　教育の目的及び理念

（教育の目的）
第一条　教育は、人格の完成を目指し、平和で民主的な国家及び社会の形成者として必要な資質を備えた心身ともに健康な国民の育成を期して行われなければならない。

（教育の目標）
第二条　教育は、その目的を実現するため、学問の自由を尊重しつつ、次に掲げる目標を達成するよう行われるものとする。
　一　幅広い知識と教養を身に付け、真理を求める態度を養い、豊かな情操と道徳心を培うとともに、健やかな身体を養うこと。

二　個人の価値を尊重して、その能力を伸ばし、創造性を培い、自主及び自律の精神を養うとともに、職業及び生活との関連を重視し、勤労を重んずる態度を養うこと。
三　正義と責任、男女の平等、自他の敬愛と協力を重んずるとともに、公共の精神に基づき、主体的に社会の形成に参画し、その発展に寄与する態度を養うこと。
四　生命を尊び、自然を大切にし、環境の保全に寄与する態度を養うこと。
五　伝統と文化を尊重し、それらをはぐくんできた我が国と郷土を愛するとともに、他国を尊重し、国際社会の平和と発展に寄与する態度を養うこと。

（生涯学習の理念）
第三条　国民一人一人が、自己の人格を磨き、豊かな人生を送ることができるよう、その生涯にわたって、あらゆる機会に、あらゆる場所において学習することができ、その成果を適切に生かすことのできる社会の実現が図られなければならない。

（教育の機会均等）
第四条　すべて国民は、ひとしく、その能力に応じた教育を受ける機会を与えられなければならず、人種、信条、性別、社会的身分、経済的地位又は門地によって、教育上差別されない。
2　国及び地方公共団体は、障害のある者が、その障害の状態に応じ、十分な教育を受けられるよう、教育上必要な支援を講じなければならない。
3　国及び地方公共団体は、能力があるにもかかわらず、経済的理由によって修学が困難な者に対して、奨学の措置を講じなければならない。

第二章　教育の実施に関する基本

（義務教育）
第五条　国民は、その保護する子に、別に法律で定めるところにより、普通教育を受けさせる義務を負う。
2　義務教育として行われる普通教育は、各個人の有する能力を伸ばしつつ社会において自立的に生きる基礎を培い、また、国家及び社会の形成者として必要とされる基本的な資質を養うことを目的として行われるものとする。
3　国及び地方公共団体は、義務教育の機会を保障し、その水準を確保するため、適切な役割分担及び相互の協力の下、その実施に責任を負う。
4　国又は地方公共団体の設置する学校における義務教育については、授業料を徴収しない。

（学校教育）
第六条　法律に定める学校は、公の性質を有するものであって、国、地方公共団体及び法律に定める法人のみが、これを設置することができる。
2　前項の学校においては、教育の目標が達成されるよう、教育を受ける者の心身の発達に応じて、体系的な教育が組織的に行われなければならない。この場合において、教育を受ける者が、学校生活を営む上で必要な規律を重んずるとともに、自ら進んで学習に取り組む意欲を高めることを重視して行われなければならない。

（大学）
第七条　大学は、学術の中心として、高い教養と専門的能力を培うとともに、深く真理を探究して新たな知見を創造し、これらの成果を広く社会に提供することにより、社会の発展に寄与するものとする。
2　大学については、自主性、自律性その他の大学における教育及び研究の特性が尊重されなければならない。

（私立学校）
第八条　私立学校の有する公の性質及び学校教育において果たす重要な役割にかんがみ、国及び地方公共団体は、その自主性を尊重しつつ、助成その他の適当な方法によって私立学校教育の振興に努めなければならない。

（教員）
第九条　法律に定める学校の教員は、自己の崇高な使命を深く自覚し、絶えず研究と修養に励み、その職責の遂行に努めなければならない。
2　前項の教員については、その使命と職責の重要性にかんがみ、その身分は尊重され、待遇の適正が期せられるとともに、養成と研修の充実が図られなければならない。

（家庭教育）
第十条　父母その他の保護者は、子の教育について第一義的責任を有するものであって、生活のために必要な習慣を身に付けさせるとともに、自立心を育成し、心身の調和のとれた発達を図るよう努めるものとする。
2　国及び地方公共団体は、家庭教育の自主性を尊重しつつ、保護者に対する学習の機会及び情報の提供その他の家庭教育を支援するために必要な施策を講ずるよう努めなければならない。

（幼児期の教育）

第十一条　幼児期の教育は、生涯にわたる人格形成の基礎を培う重要なものであることにかんがみ、国及び地方公共団体は、幼児の健やかな成長に資する良好な環境の整備その他適当な方法によって、その振興に努めなければならない。

（社会教育）
第十二条　個人の要望や社会の要請にこたえ、社会において行われる教育は、国及び地方公共団体によって奨励されなければならない。
2　国及び地方公共団体は、図書館、博物館、公民館その他の社会教育施設の設置、学校の施設の利用、学習の機会及び情報の提供その他の適当な方法によって社会教育の振興に努めなければならない。

（学校、家庭及び地域住民等の相互の連携協力）
第十三条　学校、家庭及び地域住民その他の関係者は、教育におけるそれぞれの役割と責任を自覚するとともに、相互の連携及び協力に努めるものとする。

（政治教育）
第十四条　良識ある公民として必要な政治的教養は、教育上尊重されなければならない。
2　法律に定める学校は、特定の政党を支持し、又はこれに反対するための政治教育その他政治的活動をしてはならない。

（宗教教育）
第十五条　宗教に関する寛容の態度、宗教に関する一般的な教養及び宗教の社会生活における地位は、教育上尊重されなければならない。
2　国及び地方公共団体が設置する学校は、特定の宗教のための宗教教育その他宗教的活動をしてはならない。
（以下略）

（出所　http://law.e-gov.go.jp/htmldata/H18/H18HO120.html）

（c）義務教育の目標（学校教育法第21条）

第二十一条　義務教育として行われる普通教育は、教育基本法（平成十八年法律第百二十号）第五条第二項に規定する目的を実現するため、次に掲げる目標を達成す

るよう行われるものとする。
一　学校内外における社会的活動を促進し、自主、自律及び協同の精神、規範意識、公正な判断力並びに公共の精神に基づき主体的に社会の形成に参画し、その発展に寄与する態度を養うこと。
二　学校内外における自然体験活動を促進し、生命及び自然を尊重する精神並びに環境の保全に寄与する態度を養うこと。
三　我が国と郷土の現状と歴史について、正しい理解に導き、伝統と文化を尊重し、それらをはぐくんできた我が国と郷土を愛する態度を養うとともに、進んで外国の文化の理解を通じて、他国を尊重し、国際社会の平和と発展に寄与する態度を養うこと。
四　家族と家庭の役割、生活に必要な衣、食、住、情報、産業その他の事項について基礎的な理解と技能を養うこと。
五　読書に親しませ、生活に必要な国語を正しく理解し、使用する基礎的な能力を養うこと。
六　生活に必要な数量的な関係を正しく理解し、処理する基礎的な能力を養うこと。
七　生活にかかわる自然現象について、観察及び実験を通じて、科学的に理解し、処理する基礎的な能力を養うこと。
八　健康、安全で幸福な生活のために必要な習慣を養うとともに、運動を通じて体力を養い、心身の調和的発達を図ること。
九　生活を明るく豊かにする音楽、美術、文芸その他の芸術について基礎的な理解と技能を養うこと。
十　職業についての基礎的な知識と技能、勤労を重んずる態度及び個性に応じて将来の進路を選択する能力を養うこと。

（出所　http://law.e-gov.go.jp/htmldata/S22/S22HO026.html）

(d)「道徳教育」の目標（小学校学習指導要領）

第1章　総　　則

第1　小学校教育の基本と教育課程の役割
　（中略）
　　2　学校の教育活動を進めるに当たっては，各学校において，第3の1に示す主体的・対話的で深い学びの実現に向けた授業改善を通して，創意工夫を生かし

た特色ある教育活動を展開する中で，次の（1）から（3）までに掲げる内容の実現を図り，児童に生きる力を育むことを目指すものとする。
(中略)
(2) 道徳教育や体験活動，多様な表現や鑑賞の活動等を通して，豊かな心や創造性の涵養を目指した教育の充実に努めること。

　学校における道徳教育は，特別の教科である道徳（以下「道徳科」という。）を要として学校の教育活動全体を通じて行うものであり，道徳科はもとより，各教科，外国語活動，総合的な学習の時間及び特別活動のそれぞれの特質に応じて，児童の発達の段階を考慮して，適切な指導を行うこと。

　道徳教育は，教育基本法及び学校教育法に定められた教育の根本精神に基づき，自己の生き方を考え，主体的な判断の下に行動し，自立した人間として他者と共によりよく生きるための基盤となる道徳性を養うことを目標とすること。

　道徳教育を進めるに当たっては，人間尊重の精神と生命に対する畏敬の念を家庭，学校，その他社会における具体的な生活の中に生かし，豊かな心をもち，伝統と文化を尊重し，それらを育んできた我が国と郷土を愛し，個性豊かな文化の創造を図るとともに，平和で民主的な国家及び社会の形成者として，公共の精神を尊び，社会及び国家の発展に努め，他国を尊重し，国際社会の平和と発展や環境の保全に貢献し未来を拓く主体性のある日本人の育成に資することとなるよう特に留意すること。

（平成29年2月14日公示）

（出所 http://search.e-gov.go.jp/servlet/PcmFileDownload?seqNo=0000154961）

(e)「特別の教科　道徳」の目標（小学校学習指導要領）

第3章　特別の教科　道徳

第1　目　標
　第1章総則の第1の2の（2）に示す道徳教育の目標に基づき，よりよく生きるための基盤となる道徳性を養うため，道徳的諸価値についての理解を基に，自己を見つめ，物事を多面的・多角的に考え，自己の生き方についての考えを深める学習を通して，道徳的な判断力，心情，実践意欲と態度を育てる。

第2　内　容

　学校の教育活動全体を通じて行う道徳教育の要である道徳科においては，以下に示す項目について扱う。

　A　主として自分自身に関すること

　［善悪の判断，自律，自由と責任］

　　〔第1学年及び第2学年〕

　　　よいことと悪いこととの区別をし，よいと思うことを進んで行うこと。

　　〔第3学年及び第4学年〕

　　　正しいと判断したことは，自信をもって行うこと。

　　〔第5学年及び第6学年〕

　　　自由を大切にし，自律的に判断し，責任のある行動をすること。

　［正直，誠実］

　　〔第1学年及び第2学年〕

　　　うそをついたりごまかしをしたりしないで，素直に伸び伸びと生活すること。

　　〔第3学年及び第4学年〕

　　　過ちは素直に改め，正直に明るい心で生活すること。

　　〔第5学年及び第6学年〕

　　　誠実に，明るい心で生活すること。

　［節度，節制］

　　〔第1学年及び第2学年〕

　　　健康や安全に気を付け，物や金銭を大切にし，身の回りを整え，わがままをしないで，規則正しい生活をすること。

　　〔第3学年及び第4学年〕

　　　自分でできることは自分でやり，安全に気を付け，よく考えて行動し，節度のある生活をすること。

　　〔第5学年及び第6学年〕

　　　安全に気を付けることや，生活習慣の大切さについて理解し，自分の生活を見直し，節度を守り節制に心掛けること。

　［個性の伸長］

　　〔第1学年及び第2学年〕

　　　自分の特徴に気付くこと。

　　〔第3学年及び第4学年〕

　　　自分の特徴に気付き，長所を伸ばすこと。

　　〔第5学年及び第6学年〕

　　　自分の特徴を知って，短所を改め長所を伸ばすこと。

　［希望と勇気，努力と強い意志］

〔第1学年及び第2学年〕
　　自分のやるべき勉強や仕事をしっかりと行うこと。
　〔第3学年及び第4学年〕
　　自分でやろうと決めた目標に向かって，強い意志をもち，粘り強くやり抜くこと。
　〔第5学年及び第6学年〕
　　より高い目標を立て，希望と勇気をもち，困難があってもくじけずに努力して物事をやり抜くこと。
　［真理の探究］
　〔第5学年及び第6学年〕
　　真理を大切にし，物事を探究しようとする心をもつこと。
B　主として人との関わりに関すること
　［親切，思いやり］
　〔第1学年及び第2学年〕
　　身近にいる人に温かい心で接し，親切にすること。
　〔第3学年及び第4学年〕
　　相手のことを思いやり，進んで親切にすること。
　〔第5学年及び第6学年〕
　　誰に対しても思いやりの心をもち，相手の立場に立って親切にすること。
　［感謝］
　〔第1学年及び第2学年〕
　　家族など日頃世話になっている人々に感謝すること。
　〔第3学年及び第4学年〕
　　家族など生活を支えてくれている人々や現在の生活を築いてくれた高齢者に，尊敬と感謝の気持ちをもって接すること。
　〔第5学年及び第6学年〕
　　日々の生活が家族や過去からの多くの人々の支え合いや助け合いで成り立っていることに感謝し，それに応えること。
　［礼儀］
　〔第1学年及び第2学年〕
　　気持ちのよい挨拶，言葉遣い，動作などに心掛けて，明るく接すること。
　〔第3学年及び第4学年〕
　　礼儀の大切さを知り，誰に対しても真心をもって接すること。
　〔第5学年及び第6学年〕
　　時と場をわきまえて，礼儀正しく真心をもって接すること。
　［友情，信頼］

〔第1学年及び第2学年〕
　　友達と仲よくし,助け合うこと。
　〔第3学年及び第4学年〕
　　友達と互いに理解し,信頼し,助け合うこと。
　〔第5学年及び第6学年〕
　　友達と互いに信頼し,学び合って友情を深め,異性についても理解しながら,人間関係を築いていくこと。
［相互理解,寛容］
　〔第3学年及び第4学年〕
　　自分の考えや意見を相手に伝えるとともに,相手のことを理解し,自分と異なる意見も大切にすること。
　〔第5学年及び第6学年〕
　　自分の考えや意見を相手に伝えるとともに,謙虚な心をもち,広い心で自分と異なる意見や立場を尊重すること。
C　主として集団や社会との関わりに関すること
［規則の尊重］
　〔第1学年及び第2学年〕
　　約束やきまりを守り,みんなが使う物を大切にすること。
　〔第3学年及び第4学年〕
　　約束や社会のきまりの意義を理解し,それらを守ること。
　〔第5学年及び第6学年〕
　　法やきまりの意義を理解した上で進んでそれらを守り,自他の権利を大切にし,義務を果たすこと。
［公正,公平,社会正義］
　〔第1学年及び第2学年〕
　　自分の好き嫌いにとらわれないで接すること。
　〔第3学年及び第4学年〕
　　誰に対しても分け隔てをせず,公正,公平な態度で接すること。
　〔第5学年及び第6学年〕
　　誰に対しても差別をすることや偏見をもつことなく,公正,公平な態度で接し,正義の実現に努めること。
［勤労,公共の精神］
　〔第1学年及び第2学年〕
　　働くことのよさを知り,みんなのために働くこと。
　〔第3学年及び第4学年〕
　　働くことの大切さを知り,進んでみんなのために働くこと。

〔第5学年及び第6学年〕
　　働くことや社会に奉仕することの充実感を味わうとともに，その意義を理解し，公共のために役に立つことをすること。

［家族愛，家庭生活の充実］
　〔第1学年及び第2学年〕
　　父母，祖父母を敬愛し，進んで家の手伝いなどをして，家族の役に立つこと。
　〔第3学年及び第4学年〕
　　父母，祖父母を敬愛し，家族みんなで協力し合って楽しい家庭をつくること。
　〔第5学年及び第6学年〕
　　父母，祖父母を敬愛し，家族の幸せを求めて，進んで役に立つことをすること。

［よりよい学校生活，集団生活の充実］
　〔第1学年及び第2学年〕
　　先生を敬愛し，学校の人々に親しんで，学級や学校の生活を楽しくすること。
　〔第3学年及び第4学年〕
　　先生や学校の人々を敬愛し，みんなで協力し合って楽しい学級や学校をつくること。
　〔第5学年及び第6学年〕
　　先生や学校の人々を敬愛し，みんなで協力し合ってよりよい学級や学校をつくるとともに，様々な集団の中での自分の役割を自覚して集団生活の充実に努めること。

［伝統と文化の尊重，国や郷土を愛する態度］
　〔第1学年及び第2学年〕
　　我が国や郷土の文化と生活に親しみ，愛着をもつこと。
　〔第3学年及び第4学年〕
　　我が国や郷土の伝統と文化を大切にし，国や郷土を愛する心をもつこと。
　〔第5学年及び第6学年〕
　　我が国や郷土の伝統と文化を大切にし，先人の努力を知り，国や郷土を愛する心をもつこと。

［国際理解，国際親善］
　〔第1学年及び第2学年〕
　　他国の人々や文化に親しむこと。
　〔第3学年及び第4学年〕
　　他国の人々や文化に親しみ，関心をもつこと。
　〔第5学年及び第6学年〕
　　他国の人々や文化について理解し，日本人としての自覚をもって国際親善に

努めること。
D　主として生命や自然，崇高なものとの関わりに関すること
［生命の尊さ］
〔第１学年及び第２学年〕
　　生きることのすばらしさを知り，生命を大切にすること。
〔第３学年及び第４学年〕
　　生命の尊さを知り，生命あるものを大切にすること。
〔第５学年及び第６学年〕
　　生命が多くの生命のつながりの中にあるかけがえのないものであることを理解し，生命を尊重すること。
［自然愛護］
〔第１学年及び第２学年〕
　　身近な自然に親しみ，動植物に優しい心で接すること。
〔第３学年及び第４学年〕
　　自然のすばらしさや不思議さを感じ取り，自然や動植物を大切にすること。
〔第５学年及び第６学年〕
　　自然の偉大さを知り，自然環境を大切にすること。
［感動，畏敬の念］
〔第１学年及び第２学年〕
　　美しいものに触れ，すがすがしい心をもつこと。
〔第３学年及び第４学年〕
　　美しいものや気高いものに感動する心をもつこと。
〔第５学年及び第６学年〕
　　美しいものや気高いものに感動する心や人間の力を超えたものに対する畏敬の念をもつこと。
［よりよく生きる喜び］
〔第５学年及び第６学年〕
　　よりよく生きようとする人間の強さや気高さを理解し，人間として生きる喜びを感じること。

第３　指導計画の作成と内容の取扱い
１　各学校においては，道徳教育の全体計画に基づき，各教科，外国語活動，総合的な学習の時間及び特別活動との関連を考慮しながら，道徳科の年間指導計画を作成するものとする。なお，作成に当たっては，第２に示す各学年段階の内容項目について，相当する各学年において全て取り上げることとする。その際，児童や学校の実態に応じ，２学年間を見通した重点的な指導や内容項目間の関連を密

にした指導，一つの内容項目を複数の時間で扱う指導を取り入れるなどの工夫を行うものとする。
2 第2の内容の指導に当たっては，次の事項に配慮するものとする。
 (1) 校長や教頭などの参加，他の教師との協力的な指導などについて工夫し，道徳教育推進教師を中心とした指導体制を充実すること。
 (2) 道徳科が学校の教育活動全体を通じて行う道徳教育の要としての役割を果たすことができるよう，計画的・発展的な指導を行うこと。特に，各教科，外国語活動，総合的な学習の時間及び特別活動における道徳教育としては取り扱う機会が十分でない内容項目に関わる指導を補うことや，児童や学校の実態等を踏まえて指導をより一層深めること，内容項目の相互の関連を捉え直したり発展させたりすることに留意すること。
 (3) 児童が自ら道徳性を養う中で，自らを振り返って成長を実感したり，これからの課題や目標を見付けたりすることができるよう工夫すること。その際，道徳性を養うことの意義について，児童自らが考え，理解し，主体的に学習に取り組むことができるようにすること。
 (4) 児童が多様な感じ方や考え方に接する中で，考えを深め，判断し，表現する力などを育むことができるよう，自分の考えを基に話し合ったり書いたりするなどの言語活動を充実すること。
 (5) 児童の発達の段階や特性等を考慮し，指導のねらいに即して，問題解決的な学習，道徳的行為に関する体験的な学習等を適切に取り入れるなど，指導方法を工夫すること。その際，それらの活動を通じて学んだ内容の意義などについて考えることができるようにすること。また，特別活動等における多様な実践活動や体験活動も道徳科の授業に生かすようにすること。
 (6) 児童の発達の段階や特性等を考慮し，第2に示す内容との関連を踏まえつつ，情報モラルに関する指導を充実すること。また，児童の発達の段階や特性等を考慮し，例えば，社会の持続可能な発展などの現代的な課題の取扱いにも留意し，身近な社会的課題を自分との関係において考え，それらの解決に寄与しようとする意欲や態度を育てるよう努めること。なお，多様な見方や考え方のできる事柄について，特定の見方や考え方に偏った指導を行うことのないようにすること。
 (7) 道徳科の授業を公開したり，授業の実施や地域教材の開発や活用などに家庭や地域の人々，各分野の専門家等の積極的な参加や協力を得たりするなど，家庭や地域社会との共通理解を深め，相互の連携を図ること。
3 教材については，次の事項に留意するものとする。
 (1) 児童の発達の段階や特性，地域の実情等を考慮し，多様な教材の活用に努めること。特に，生命の尊厳，自然，伝統と文化，先人の伝記，スポーツ，情報

化への対応等の現代的な課題などを題材とし，児童が問題意識をもって多面的・多角的に考えたり，感動を覚えたりするような充実した教材の開発や活用を行うこと。
(2) 教材については，教育基本法や学校教育法その他の法令に従い，次の観点に照らし適切と判断されるものであること。
　ア　児童の発達の段階に即し，ねらいを達成するのにふさわしいものであること。
　イ　人間尊重の精神にかなうものであって，悩みや葛藤等の心の揺れ，人間関係の理解等の課題も含め，児童が深く考えることができ，人間としてよりよく生きる喜びや勇気を与えられるものであること。
　ウ　多様な見方や考え方のできる事柄を取り扱う場合には，特定の見方や考え方に偏った取扱いがなされていないものであること。
4　児童の学習状況や道徳性に係る成長の様子を継続的に把握し，指導に生かすよう努める必要がある。ただし，数値などによる評価は行わないものとする。

(平成29年2月14日公示)
(出所　同上)

(f)「道徳教育」の目標（中学校学習指導要領）

第1章　総　　則

第1　中学校教育の基本と教育課程の役割
（中略）
2　学校の教育活動を進めるに当たっては，各学校において，第3の1に示す主体的・対話的で深い学びの実現に向けた授業改善を通して，創意工夫を生かした特色ある教育活動を展開する中で，次の(1)から(3)までに掲げる内容の実現を図り，生徒に生きる力を育むことを目指すものとする。
（中略）
(2) 道徳教育や体験活動，多様な表現や鑑賞の活動等を通して，豊かな心や創造性の涵養を目指した教育の充実に努めること。
　学校における道徳教育は，特別の教科である道徳（以下「道徳科」という。）を要として学校の教育活動全体を通じて行うものであり，道徳科はもとより，各教科，総合的な学習の時間及び特別活動のそれぞれの特質に応じて，生徒の

発達の段階を考慮して，適切な指導を行うこと。

　道徳教育は，教育基本法及び学校教育法に定められた教育の根本精神に基づき，自己の生き方を考え，主体的な判断の下に行動し，自立した人間として他者と共によりよく生きるための基盤となる道徳性を養うことを目標とすること。

　道徳教育を進めるに当たっては，人間尊重の精神と生命に対する畏敬の念を家庭，学校，その他社会における具体的な生活の中に生かし，豊かな心をもち，伝統と文化を尊重し，それらを育んできた我が国と郷土を愛し，個性豊かな文化の創造を図るとともに，平和で民主的な国家及び社会の形成者として，公共の精神を尊び，社会及び国家の発展に努め，他国を尊重し，国際社会の平和と発展や環境の保全に貢献し未来を拓く主体性のある日本人の育成に資することとなるよう特に留意すること。

(平成29年2月14日公示)

（出所 http://search.e-gov.go.jp/servlet/PcmFileDownload?seqNo=0000154962）

(g)「特別の教科　道徳」の目標（中学校学習指導要領）

第3章　特別の教科　道徳

第1　目　標
　第1章総則の第1の2の(2)に示す道徳教育の目標に基づき，よりよく生きるための基盤となる道徳性を養うため，道徳的諸価値についての理解を基に，自己を見つめ，物事を広い視野から多面的・多角的に考え，人間としての生き方についての考えを深める学習を通して，道徳的な判断力，心情，実践意欲と態度を育てる。

第2　内　容
　学校の教育活動全体を通じて行う道徳教育の要である道徳科においては，以下に示す項目について扱う。
　A　主として自分自身に関すること
　［自主，自律，自由と責任］
　　自律の精神を重んじ，自主的に考え，判断し，誠実に実行してその結果に責任をもつこと。
　［節度，節制］
　　望ましい生活習慣を身に付け，心身の健康の増進を図り，節度を守り節制に心

掛け，安全で調和のある生活をすること。
［向上心，個性の伸長］
　自己を見つめ，自己の向上を図るとともに，個性を伸ばして充実した生き方を追求すること。
［希望と勇気，克己と強い意志］
　より高い目標を設定し，その達成を目指し，希望と勇気をもち，困難や失敗を乗り越えて着実にやり遂げること。
［真理の探究，創造］
　真実を大切にし，真理を探究して新しいものを生み出そうと努めること。

B　主として人との関わりに関すること
［思いやり，感謝］
　思いやりの心をもって人と接するとともに，家族などの支えや多くの人々の善意により日々の生活や現在の自分があることに感謝し，進んでそれに応え，人間愛の精神を深めること。
［礼儀］
　礼儀の意義を理解し，時と場に応じた適切な言動をとること。
［友情，信頼］
　友情の尊さを理解して心から信頼できる友達をもち，互いに励まし合い，高め合うとともに，異性についての理解を深め，悩みや葛藤も経験しながら人間関係を深めていくこと。
［相互理解，寛容］
　自分の考えや意見を相手に伝えるとともに，それぞれの個性や立場を尊重し，いろいろなものの見方や考え方があることを理解し，寛容の心をもって謙虚に他に学び，自らを高めていくこと。

C　主として集団や社会との関わりに関すること
［遵法精神，公徳心］
　法やきまりの意義を理解し，それらを進んで守るとともに，そのよりよい在り方について考え，自他の権利を大切にし，義務を果たして，規律ある安定した社会の実現に努めること。
［公正，公平，社会正義］
　正義と公正さを重んじ，誰に対しても公平に接し，差別や偏見のない社会の実現に努めること。
［社会参画，公共の精神］
　社会参画の意識と社会連帯の自覚を高め，公共の精神をもってよりよい社会の実現に努めること。
［勤労］

勤労の尊さや意義を理解し，将来の生き方について考えを深め，勤労を通じて社会に貢献すること。
　［家族愛，家庭生活の充実］
　　父母，祖父母を敬愛し，家族の一員としての自覚をもって充実した家庭生活を築くこと。
　［よりよい学校生活，集団生活の充実］
　　教師や学校の人々を敬愛し，学級や学校の一員としての自覚をもち，協力し合ってよりよい校風をつくるとともに，様々な集団の意義や集団の中での自分の役割と責任を自覚して集団生活の充実に努めること。
　［郷土の伝統と文化の尊重，郷土を愛する態度］
　　郷土の伝統と文化を大切にし，社会に尽くした先人や高齢者に尊敬の念を深め，地域社会の一員としての自覚をもって郷土を愛し，進んで郷土の発展に努めること。
　［我が国の伝統と文化の尊重，国を愛する態度］
　　優れた伝統の継承と新しい文化の創造に貢献するとともに，日本人としての自覚をもって国を愛し，国家及び社会の形成者として，その発展に努めること。
　［国際理解，国際貢献］
　　世界の中の日本人としての自覚をもち，他国を尊重し，国際的視野に立って，世界の平和と人類の発展に寄与すること。
　D　主として生命や自然，崇高なものとの関わりに関すること
　［生命の尊さ］
　　生命の尊さについて，その連続性や有限性なども含めて理解し，かけがえのない生命を尊重すること。
　［自然愛護］
　　自然の崇高さを知り，自然環境を大切にすることの意義を理解し，進んで自然の愛護に努めること。
　［感動，畏敬の念］
　　美しいものや気高いものに感動する心をもち，人間の力を超えたものに対する畏敬の念を深めること。
　［よりよく生きる喜び］
　　人間には自らの弱さや醜さを克服する強さや気高く生きようとする心があることを理解し，人間として生きることに喜びを見いだすこと。

第3　指導計画の作成と内容の取扱い
 1　各学校においては，道徳教育の全体計画に基づき，各教科，総合的な学習の時間及び特別活動との関連を考慮しながら，道徳科の年間指導計画を作成するもの

とする。なお，作成に当たっては，第2に示す内容項目について，各学年において全て取り上げることとする。その際，生徒や学校の実態に応じ，3学年間を見通した重点的な指導や内容項目間の関連を密にした指導，一つの内容項目を複数の時間で扱う指導を取り入れるなどの工夫を行うものとする。
2 　第2の内容の指導に当たっては，次の事項に配慮するものとする。
 (1) 学級担任の教師が行うことを原則とするが，校長や教頭などの参加，他の教師との協力的な指導などについて工夫し，道徳教育推進教師を中心とした指導体制を充実すること。
 (2) 道徳科が学校の教育活動全体を通じて行う道徳教育の要としての役割を果たすことができるよう，計画的・発展的な指導を行うこと。特に，各教科，総合的な学習の時間及び特別活動における道徳教育としては取り扱う機会が十分でない内容項目に関わる指導を補うことや，生徒や学校の実態等を踏まえて指導をより一層深めること，内容項目の相互の関連を捉え直したり発展させたりすることに留意すること。
 (3) 生徒が自ら道徳性を養う中で，自らを振り返って成長を実感したり，これからの課題や目標を見付けたりすることができるよう工夫すること。その際，道徳性を養うことの意義について，生徒自らが考え，理解し，主体的に学習に取り組むことができるようにすること。また，発達の段階を考慮し，人間としての弱さを認めながら，それを乗り越えてよりよく生きようとすることのよさについて，教師が生徒と共に考える姿勢を大切にすること。
 (4) 生徒が多様な感じ方や考え方に接する中で，考えを深め，判断し，表現する力などを育むことができるよう，自分の考えを基に討論したり書いたりするなどの言語活動を充実すること。その際，様々な価値観について多面的・多角的な視点から振り返って考える機会を設けるとともに，生徒が多様な見方や考え方に接しながら，更に新しい見方や考え方を生み出していくことができるよう留意すること。
 (5) 生徒の発達の段階や特性等を考慮し，指導のねらいに即して，問題解決的な学習，道徳的行為に関する体験的な学習等を適切に取り入れるなど，指導方法を工夫すること。その際，それらの活動を通じて学んだ内容の意義などについて考えることができるようにすること。また，特別活動等における多様な実践活動や体験活動も道徳科の授業に生かすようにすること。
 (6) 生徒の発達の段階や特性等を考慮し，第2に示す内容との関連を踏まえつつ，情報モラルに関する指導を充実すること。また，例えば，科学技術の発展と生命倫理との関係や社会の持続可能な発展などの現代的な課題の取扱いにも留意し，身近な社会的課題を自分との関係において考え，その解決に向けて取り組もうとする意欲や態度を育てるよう努めること。なお，多様な見方や考え方の

できる事柄について，特定の見方や考え方に偏った指導を行うことのないようにすること。
  (7) 道徳科の授業を公開したり，授業の実施や地域教材の開発や活用などに家庭や地域の人々，各分野の専門家等の積極的な参加や協力を得たりするなど，家庭や地域社会との共通理解を深め，相互の連携を図ること。
3 教材については，次の事項に留意するものとする。
  (1) 生徒の発達の段階や特性，地域の実情等を考慮し，多様な教材の活用に努めること。特に，生命の尊厳，社会参画，自然，伝統と文化，先人の伝記，スポーツ，情報化への対応等の現代的な課題などを題材とし，生徒が問題意識をもって多面的・多角的に考えたり，感動を覚えたりするような充実した教材の開発や活用を行うこと。
  (2) 教材については，教育基本法や学校教育法その他の法令に従い，次の観点に照らし適切と判断されるものであること。
    ア 生徒の発達の段階に即し，ねらいを達成するのにふさわしいものであること。
    イ 人間尊重の精神にかなうものであって，悩みや葛藤等の心の揺れ，人間関係の理解等の課題も含め，生徒が深く考えることができ，人間としてよりよく生きる喜びや勇気を与えられるものであること。
    ウ 多様な見方や考え方のできる事柄を取り扱う場合には，特定の見方や考え方に偏った取扱いがなされていないものであること。
4 生徒の学習状況や道徳性に係る成長の様子を継続的に把握し，指導に生かすよう努める必要がある。ただし，数値などによる評価は行わないものとする。

(平成29年2月14日公示)

(出所 同上)

■執筆者紹介
(執筆順。＊は編者。肩書は出版時のもの)

＊田中潤一（たなか・じゅんいち）大谷大学准教授。〔担当〕まえがき，01〜03，11，12

今西康裕（いまにし・やすひろ）大阪女子短期大学准教授。〔担当〕04，05

岩瀬真寿美（いわせ・ますみ）名古屋産業大学准教授。〔担当〕06，10，13

田岡紀美子（たおか・きみこ）大阪総合福祉専門学校専任教員。〔担当〕07

井西弘樹（いにし・ひろき）大阪大学大学院博士後期課程在籍。〔担当〕08

谷山弘太（たにやま・こうた）大阪大学大学院博士後期課程在籍。〔担当〕09

■編者略歴

田中潤一（たなか・じゅんいち）

- 1977年　京都市に生まれる。
- 2001年　大阪大学文学部卒業。
- 2006年　京都大学大学院教育学研究科博士後期課程研究指導認定退学。
- 2010年　大阪大学大学院文学研究科博士後期課程修了。博士（文学）。
- 現　在　大谷大学准教授。
- 著　書　『西田哲学における知識論の研究』（ナカニシヤ出版，2012年），『教育課程の理論と方法』（北斗書房，2016年），『若者の未来をひらく――教養と教育』〔共著〕（角川学芸出版，2011年），『未来を拓く教育――軌跡と展望』〔共著〕（ナカニシヤ出版，2011年），『道徳教育の基礎』〔共著〕（ナカニシヤ出版，2006年），『学校教育課程論』〔共著〕（学文社，2005年），他。

イチからはじめる道徳教育

2017年3月7日　初版第1刷発行
2022年2月25日　初版第2刷発行

編　者　田　中　潤　一
発行者　中　西　健　夫

発行所　株式会社　ナカニシヤ出版
〒606-8161　京都市左京区一乗寺木ノ本町15
TEL (075) 723-0111
FAX (075) 723-0095
http://www.nakanishiya.co.jp/

© Junichi TANAKA 2017（代表）　装幀／白沢 正　印刷／製本・亜細亜印刷
＊落丁本・乱丁本はお取り替え致します。
ISBN978-4-7795-1141-7　Printed in japan

◆本書のコピー，スキャン，デジタル化等の無断複製は著作権法上での例外を除き禁じられています。本書を代行業者等の第三者に依頼してスキャンやデジタル化することはたとえ個人や家庭内での利用であっても著作権法上認められておりません。

未来を拓く教育
——軌跡と展望——

田中潤一・田中達也

ソクラテス、ルソー、カント、フレーベルなど古代からの主要な教育理論と、日本やアメリカ、フランス、ドイツなど先進各国における教育システムの実践的な展開を解説。教育者としての基礎的教養を学べる一冊。

2300円+税

学生のための教育学［改訂版］

西川信廣・長瀬美子 編

初めて教育学を学ぶ学生に知っておいてもらいたい領域をほぼ網羅した、基礎的力量の形成を目指す入門テキスト。教育をめぐる改革動向が急速な勢いで展開するなか、情報モラル教育の内容の追加をはじめ、最新の内容に更新。

2000円+税

教育学の基礎

田中圭治郎 編著

本書は乳幼児や少年期、成人期、老人期といった年齢段階と教育との関わりを記述するという、従来にはない手法によって、人間が生涯にわたりいかに充実して生きるべきかを、学習の視座から考察する。

2600円+税

教育の原理とは何か［改訂版］
——日本の教育理念を問う——

山口意友

教育の目標たる「人格の完成」とは何を意味するのか。日本の伝統的な精神を見直すことから教育の「お題目」に中身を与える、教員志望者必読の教職入門書。新たな学習指導要領に対応した改訂版！

2300円+税

表示は二〇二二年二月現在の価格です。